NATANAEL OLIVEIRA
JOÃO FEITOSA

AS 7 LEIS IMUTÁVEIS DO SUCESSO

Os 7 Segredos Revelados do Homem Mais Rico da História para Você Criar um Negócio de Sucesso ou se Destacar Profissionalmente

DVS EDITORA

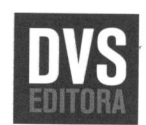

São Paulo, 2018
www. dvseditora.com.br

Copyright© DVS Editora 2018
Todos os direitos para a território brasileiro reservados pela editora.

Nenhuma parte deste livro poderá ser reproduzida, armazenada em sistema de recuperação, ou transmitida por qualquer meio, seja na forma eletrônica, mecânica, fotocopiada, gravada ou qualquer outra, sem autorização por escrito do autor, nos termos da Lei nº 9.610/1998.

Capa: Natália Sasso Gomide
Diagramação: Schaeffer Editorial
Revisão: Alessandra Angelo

```
      Dados Internacionais de Catalogação na Publicação (CIP)
             (Câmara Brasileira do Livro, SP, Brasil)

      Oliveira, Natanael
         As 7 leis imutáveis do sucesso : os 7 segredos
      revelados do homem mais rico da história pra
      você criar um negócio de sucesso ou se destacar
      profissionalmente / Natanael Oliveira, João
      Feitosa. -- São Paulo : DVS Editora, 2018.

         ISBN 978-85-8289-202-2

         1. Autoajuda 2. Autoconhecimento
      3. Desenvolvimento pessoal 4. Sucesso profissional
      5. Transformação pessoal I. Feitosa, João.
      II. Título.

      18-21883                                    CDD-650.1
             Índices para catálogo sistemático:

         1. Sucesso : Desenvolvimento pessoal : Administração
            650.1

      Iolanda Rodrigues Biode - Bibliotecária - CRB-8/10014
```

NATANAEL OLIVEIRA
JOÃO FEITOSA

AS 7 LEIS IMUTÁVEIS DO SUCESSO

*Os 7 Segredos Revelados do Homem
Mais Rico da História para Você Criar um
Negócio de Sucesso ou se Destacar Profissionalmente*

www.dvseditora.com.br

Sumário

"Como ter sucesso?" 7
Capítulo 1 – Por que ninguém nunca lhe contou isso? 15
Capítulo 2 – Fale menos e faça mais.. 27
Capítulo 3 – A Lei Imutável da Diligência 33
Capítulo 4 – A Lei da Semeadura 41
Capítulo 5 – A Lei da Comunidade 55
Capítulo 6 – A Lei da Reputação 65
Capítulo 7 – A Lei da Paciência 77
Capítulo 8 – A Lei do Conhecimento 91
Capítulo 9 – A Lei da Força 101
Capítulo 10 – Recomendações finais 107

"COMO TER SUCESSO?"

Diariamente milhares de pessoas correm para o Google em busca dessa resposta, mas se você fizer essa procura no grande oráculo da internet, é bem provável que você não irá encontrar uma resposta precisa.

Mas como é possível que o Google não tenha uma resposta? Se todas as perguntas que precisamos logo recorremos para ele?

Infelizmente, ou felizmente, nem todas as respostas estão indexadas em alguma página do Google, como um simples manual do tipo: Passo 1, 2 e 3.

Existem algumas respostas que são um pouco mais complexas, exigem mais que uma simples página na internet para entregar uma resposta concreta ou um caminho seguro para seguir.

A pergunta "Como ter sucesso" é um bom exemplo. Mesmo tendo um total de 345 mil resultados para essa busca, não existe uma resposta específica que possa ajudá-lo a realmente obter a melhor resposta.

Mas será que perguntas complexas como, por exemplo: "COMO TER SUCESSO? Como alcançar suas metas? Como ser mais feliz no trabalho? Ou: Como ter sucesso profissional? Realmente exigem respostas complexas e extremamente complicadas.

Recentemente conversei com um senhor extremamente inteligente sobre o assunto: "Como ser bem-sucedido profissionalmente."

Por mais que eu tenha obtido diversas respostas para as minhas principais perguntas eu não consegui sair da conversa com algum direcionamento prático, muito pelo contrário.

Por várias vezes na conversa eu precisei fazer perguntas do tipo: "O que significa essa palavra que você usou?", "Eu não entendi o que isso quer dizer, você pode explicar novamente?"

Mais uma vez eu repito essa pergunta constantemente: "Será que perguntas complexas precisam de respostas complicadas?"

Na minha intuição eu sempre acreditei que não e quando comecei a olhar um pouco para a minha trajetória nos últimos anos passei a entender que o simples é melhor que o complicado.

Por muitas vezes cheguei a pensar que eu era preguiçoso e por isso não queria ter esse trabalho, ou seja, na minha imaginação era como se eu pensasse: "Não pode ser tão complicado assim descobrir como ter sucesso, tem que existir algo mais simples, eu não preciso fazer grandes descobertas, deve existir algo mais prático."

Foi quando eu descobri que existiam leis imutáveis que determinavam se um indivíduo irá alcançar sucesso ou não. Uma série de leis extremamente simples de serem compreendidas que mostram um caminho seguro e confiável para seguir em direção ao sucesso profissional.

Quando descobri que existe uma grande diferença entre **coincidências e resultados**, eu finalmente entendi que **sucesso é uma escolha**.

Se você quer ter sucesso você precisa tomar uma decisão. Mas não basta somente decidir: "Eu quero ter sucesso!"

O que você precisa fazer é decidir: "Eu vou seguir as leis que irão me levar até o sucesso." Consegue perceber a diferença?

Você tem que decidir seguir as leis que o levarão a ter sucesso, e não simplesmente desejar ter sucesso.

Se você juntar 100 pessoas em um auditório e perguntar: "Quem aqui gostaria de ter sucesso profissional?"

Provavelmente, 100% das pessoas iriam levantar suas mãos.

Mas se você perguntar: "Quantos de vocês estão seguindo as Leis que o levam para o sucesso?"

É muito provável que a grande maioria das pessoas nessa sala iriam se perguntar: "Que leis são essas?"

E aqui está o maior problema dos profissionais nos dias de hoje. Eles apenas querem ter sucesso, mas não sabem como alcançá-lo.

Foi por isso que nós decidimos escrever esse livro, exatamente para listar as principais leis que com toda a certeza o levarão para o seu próximo nível profissional.

Lembre-se: essas leis não podem ser quebradas, ou seja, se você realmente seguir cada uma delas com seriedade, seus resultados irão chegar com toda certeza.

Depois que eu descobri essas leis imediatamente comecei a colocar em prática e isso me ajudou a finalmente caminhar em direção aos meus sonhos e às minhas metas profissionais e pessoais.

Há cinco anos, antes de conhecer essas leis, eu trabalhava como vendedor de planos telefônicos e não estava nada contente com os meus resultados, muito menos com a atividade que eu estava realizando, que era vender planos telefônicos de porta em porta.

Nada contra a profissão, é algo completamente digno e capaz de gerar bons resultados, mas a minha frustração era porque eu estava me formando em publicidade e propaganda, e mesmo com um diploma nas mãos eu não conseguia um emprego na área.

Depois de conhecer essas leis, abri minha própria empresa de consultoria em marketing digital, uma segunda empresa de educação em marketing digital e em seguida uma terceira empresa, com o propósito de ensinar essas leis para profissionais de todo o Brasil.

Esse livro tem como principal meta alcançar esse objetivo de ajudar homens e mulheres, profissionais, autônomos e pequenos empresários a assumirem o controle dos seus resultados, tendo em suas mãos as leis necessárias para alcançar suas metas.

Para iniciar essa jornada de criar esse livro, pedi ajuda ao meu pai, João Feitosa, coautor desse livro. Com o seu vasto conhecimento nos principais princípios bíblicos e seus mais de 30 anos como um pesquisador dedicado aos manuscritos bíblicos, ele seria uma peça fundamental para permitir todo o embasamento científico desse trabalho.

Esse livro tem como base principal a Bíblia Sagrada, utilizada como uma verdadeira fonte de conceitos simples, práticos e confiáveis para que qualquer profissional possa alcançar todas as suas metas e objetivos.

Em todo o mundo existem milhões de livros que foram inspirados nos ensinos bíblicos para a criação de diversos conceitos e filosofias relacionadas ao sucesso.

Talvez esse seja o grande fator que torna esse livro diferente de tudo o que você poderá encontrar, nosso objetivo não é criar nenhum tipo de filosofia ou algum conceito, mas apresentar da maneira mais simples e objetiva possível quais as leis que são ensinadas através da Bíblia Sagrada.

A base do nosso estudo se encontra principalmente com base no livro de Provérbios, tendo boa parte de sua autoria atribuída ao sábio Salomão.

O livro de provérbios apresenta uma síntese de diversos princípios e leis apresentados em toda a Bíblia, ou seja, quando decidimos nos concentrar em extrair as leis contidas no livro de provérbios, estamos nos concentrando em destacar pontos que já foram selecionados como pontos-chaves de sabedoria.

Por que você deve ler esse livro?

Nós não recomendamos que você simplesmente leia este livro, nossa sugestão é que você estude com muita atenção os princípios e leis que apresentamos de maneira simples e prática durante todos os capítulos.

Nosso objetivo não foi criar algo teórico ou que simplesmente fizesse você refletir sobre como alcançar o sucesso profissional, nossa meta principal é que esse livro o faça sair do seu estado atual e siga em direção ao próximo nível.

Cada capítulo tem como grande objetivo tirá-lo da sua atual zona de conforto e incomodá-lo ao ponto que você deseje seguir em áreas específicas da sua vida profissional e pessoal.

A cada capítulo será extremamente comum você rapidamente identificar as principais causas que o impediram de estar em um nível que você já deveria ter alcançado há um bom tempo. Não deixe que esse sentimento lhe cause frustração, pelo contrário, se alegre em saber que agora você tem um caminho seguro para seguir em direção ao seu sucesso profissional.

Esse é um livro que você deve encarar como um manual prático para a sua vida profissional, não olhe para essas páginas como simplesmente algo "motivacional", lembre-se que esse livro é fruto de um intenso trabalho de pesquisa e seleção de leis e princípios práticos.

Esse não é um livro de entretenimento ou simplesmente para passar o tempo enquanto você está na fila ou para lhe dar sono antes de você dormir. Esse é um livro para quebrar paradigmas e causar um impacto profundo na sua maneira de olhar para a sua vida profissional.

Estude esse livro diariamente e reflita após a leitura de cada capítulo. Nossa sugestão é que após cada capítulo você possa realizar suas anotações e preparar algumas metas para colocar em prática o que acabou de aprender.

Esse livro é uma jornada que pode ser feita sozinho ou acompanhado, porém, caso você decida estudar e aplicar os princípios com outra pessoa, certifique-se que ela está com o mesmo propósito de alcançar sucesso profissional, assim como você.

Se você tentar conversar sobre esses princípios com pessoas que não estão habituadas é muito provável que você se sinta frustrado, pois apesar da profundidade de cada lei, se uma pessoa não está em contato com esse conteúdo, na maioria dos casos ela irá "ignorar suas palavras".

Quando você começa a aplicar as leis, como já é de se esperar, automaticamente você começa a colher melhores resultados. Isso significa que quando você começar a transmitir essas leis para outras pessoas, elas olharão para você e pensarão: "É fácil falar isso... ele já tem sucesso!"

"Ele tem dinheiro, por isso ele fala dessas leis, quero ver se estivesse na minha situação."

O que seus amigos e familiares não conseguem entender é que você só conseguiu ter resultados quando começou a aplicar a lei que você está tentando compartilhar com eles.

A nossa sugestão é que você dê esse livro de presente para o seu amigo ou familiar. Se ele tomar a decisão de iniciar essa leitura, está provando que está realmente interessado em ir para o próximo nível.

Você irá aprender durante essa leitura que existem leis que regem tudo à nossa volta e que não existe negociação com essas leis. Ou você faz do jeito certo ou você faz do jeito errado.

O jeito certo = Resultados positivos
O jeito errado = Resultados negativos

Se você colocar dinheiro na mão de uma pessoa que não tem conhecimento dessas leis, a única coisa que você irá fazer será atrair mais resultados negativos para essa pessoa.

E a razão é muito simples.

Para que um indivíduo consiga ter bons resultados, inclusive financeiros, essa pessoa precisa seguir essas leis.

Se você simplesmente colocar dinheiro na mão de uma pessoa, sem que ela tenha seguido essas leis, ela não irá aprender como atrair mais dinheiro, em outras palavras, essa pessoa se tornará cada vez mais dependente de ajuda de terceiros.

Talvez enquanto lê essas linhas você esteja pensando: "Poxa, eu sou essa pessoa que recebe uma ajuda, sem estar aplicando a lei." E talvez você realmente seja essa pessoa.

Porém, durante essa leitura você irá aprender como assumir o controle da sua vida, simplesmente seguindo essas leis imutáveis.

Rapidamente você irá entender que ficar em casa reclamando do governo ou da ajuda que você esperava receber e não recebeu, significa simplesmente ignorar completamente a aplicação de uma das leis imutáveis, que é a Lei da Semeadura.

Em outras palavras, esse livro vai libertá-lo de um dos grandes males da humanidade que é a "autopiedade", o trágico hábito de sentir pena de você mesmo.

É provável que você conheça pessoas que pedem a sua ajuda e quando você dá um conselho elas sempre dizem: "Mas é porque…", ou seja, simplesmente nada dá certo e nada funciona, sempre tem um "mas".

Mais uma vez, talvez nesse exato momento, você faça uma reflexão e pense: "Eu sou essa pessoa." Se isso servir de consolo, todos nós temos um pouco de autopiedade.

Nós sempre achamos que nossos problemas são maiores que os problemas das outras pessoas. É muito comum você falar frases do tipo: "Se eu estivesse no lugar dele eu faria isso…"

Existem pessoas que estão olhando para a sua vida e dizendo: "Se eu estivesse no lugar dele faria isso."

Nós tendemos a nos tornar especialistas em resolver problemas das outras pessoas e simplesmente achamos que nossos problemas são impossíveis de serem resolvidos.

Esse livro é o antídoto para a autopiedade e um chamado para você assumir completamente a responsabilidade por seus resultados.

Assumir responsabilidade por seus resultados não significa dizer que você é autossuficiente e o todo poderoso da sua vida. Não, pelo contrário.

Nós somos tão "pequenos" que a única maneira de ter sucesso é seguindo essas leis.

Se nós realmente fôssemos tão bons assim, teríamos nossas próprias leis, mas você sabe que não é assim.

Então, não confunda ser humilde com ser negligente.

Seguir as leis do sucesso é um sinal de sabedoria, que tem como recompensa resultados financeiros e reconhecimento profissional.

Repare bem nesse trecho acima, pois essa é a base de todo o livro.

Você não deve se concentrar na recompensa financeira, o seu foco deve ser sempre na aplicação das leis. Como recompensa pela aplicação das leis, vem a colheita financeira e reconhecimento profissional.

Se você entendeu tudo até aqui, estamos prontos para começar essa jornada.

CAPÍTULO 1

POR QUE NINGUÉM NUNCA LHE CONTOU ISSO?

As universidades estão nos preparando para o mercado de trabalho? As escolas preparam nossas crianças para o mundo real? Os líderes religiosos estão tratando temas práticos para a sua comunidade?

Milhares de pessoas em todo o Brasil têm como grande meta de suas vidas serem aprovados em algum concurso público, não importa qual, pois o concurso está diretamente relacionado à segurança profissional e a um bom salário por longos anos.

Não estamos criticando ninguém que tenha essa meta para suas vidas muito menos dizendo que isso seja certo ou errado, porém, é certo que a aplicação das leis imutáveis é o investimento mais seguro que alguém pode fazer por sua vida profissional.

Mas a grande pergunta que fizemos foi: Por que ninguém nunca falou abertamente sobre as leis imutáveis? Por que na escola, na faculdade ou até mesmo na igreja, não foi feita uma aplicação específica acerca do poder das leis imutáveis para que qualquer pessoa possa alcançar sucesso profissional?

Por que essas leis não são ensinadas desde os nossos primeiros anos de vida? Por que muitos pais continuam com a mesma visão que seus filhos têm que tirar boas notas na escola, fazer uma boa faculdade para finalmente conseguir um bom emprego?

É justo que os nossos filhos se dediquem anos e anos em faculdades, pós-graduações para conseguir um emprego na empresa de pessoas que aprenderam a aplicar as leis imutáveis e agora são donas do seu próprio negócio?

É óbvio que não são todas as pessoas que têm o desejo de se tornarem donos de seus próprios negócios, se este for o seu caso, não se preocupe, pois essas leis servem para profissionais alcançarem sucesso também nas empresas que eles estão trabalhando.

Porém, muitos acham que eles precisam de um novo diploma para conseguir melhores resultados, quando a ÚNICA maneira de ter melhores colheitas profissionais está diretamente ligada à aplicação das leis imutáveis.

É extremamente importante deixar claro que a educação é um dos elementos mais significativos para o progresso de uma nação e de um indivíduo, no entanto, é preciso estabelecer uma diferença conceitual entre inteligência e sabedoria.

Um título torna uma pessoa inteligente? Não.

Mas, o que a pessoa aprendeu durante a aquisição daquele título pode transformar essa pessoa em alguém sábio? Sim.

Existem pessoas com grandes currículos, já leram centenas e centenas de livros e são um verdadeiro poço de conhecimento, porém, não conseguem transformar isso em absolutamente nada.

É legal conversar com essas pessoas, ouvir o que eles têm para compartilhar, no entanto, nada além disso.

Por que um professor com mestrado ou doutorado está recebendo menos que um profissional sem os mesmos títulos?

E é exatamente dentro desse contexto que nós devemos fazer a seguinte pergunta: ser inteligente ou ser sábio?

Para que a nossa pesquisa pudesse ter uma base sólida em entender o verdadeiro conceito de sabedoria, foi necessário colocar como ponto central o homem que historicamente é definido como sinônimo de sabedoria, que é o sábio Salomão.

A narrativa bíblica mostra que a fama de Salomão era tamanha que até mesmo realezas o procuravam para adquirir conselhos.

Em II Crônicas 9:1-12: *Tendo a rainha de Sabá ouvido da fama de Salomão, veio a Jerusalém para prová-lo por enigmas; trazia consigo uma grande comitiva, e camelos carregados de especiarias, e ouro em abundância, e pedras preciosas; e vindo ter com Salomão, falou com ele de tudo o que tinha no seu coração.*

2 E Salomão lhe respondeu a todas as perguntas; não houve nada que Salomão não lhe soubesse explicar.

3 Vendo, pois, a rainha de Sabá a sabedoria de Salomão, e a casa que ele edificara,

4 e as iguarias da sua mesa, e o assentar dos seus oficiais, e as funções e os trajes dos seus servos, e os seus copeiros e os trajes deles, e os holocaustos que ele oferecia na casa do Senhor, ficou estupefata.

5 Então disse ao rei: Era verdade o que ouvi na minha terra acerca dos teus feitos e da tua sabedoria,

6 todavia eu não o acreditava, até que vim e os meus olhos o viram; e eis que não me contaram metade da grandeza da tua sabedoria; sobrepujaste a fama que ouvi.

7 Bem-aventurados os teus homens! Bem-aventurados estes teus servos, que estão sempre diante de ti, e ouvem a tua sabedoria!

8 Bendito seja o Senhor teu Deus, que se agradou de ti, colocando-te sobre o seu trono, para ser rei pelo Senhor teu Deus! Porque teu Deus amou a Israel, para o estabelecer perpetuamente, por isso te constituiu rei sobre eles, para executares juízo e justiça.

9 Então ela deu ao rei cento e vinte talentos de ouro, e especiarias em grande abundância, e pedras preciosas; e nunca houve tais especiarias quais a rainha de Sabá deu ao rei Salomão.

10 Também os servos de Hirão, e os servos de Salomão, que de Ofir trouxeram ouro, trouxeram madeira de alguminus e pedras preciosas.

11 E o rei fez, da madeira de alguminus, degraus para a casa do Senhor e para a casa do rei, como também harpas e alaúdes para os cantores, quais nunca dantes se viram na terra de Judá.

12 E o rei Salomão deu à rainha de Sabá tudo quanto ela desejou, tudo quanto lhe pediu, excedendo mesmo o que ela trouxera ao rei. Assim voltou e foi para a sua terra, ela e os seus servos.

O objetivo da rainha era testar a sabedoria de Salomão com perguntas difíceis até por meio de enigmas criados para desafiar o ouvinte, assim como Sansão usou em Juízes 14:12 *Disse-lhes, pois, Sansão: Eu vos darei um enigma para decifrar; e, se nos sete dias das bodas o decifrardes e descobrirdes, eu vos darei trinta lençóis e trinta mudas de roupas.*

O grande princípio que passa despercebido pela maioria das pessoas com relação à sabedoria de Salomão está na maneira como a Bíblia conta que ele conseguiu alcançar tamanha sabedoria.

Salomão respondeu: *Tu foste muito bondoso para com o teu servo, o meu pai, Davi, pois ele foi fiel a ti, e foi justo e reto de coração. Tu mantiveste grande bondade para com ele e lhe deste um filho que hoje se assenta no seu trono.*

1 Reis 3:7-14

7 Agora, Senhor, meu Deus, fizeste o teu servo reinar em lugar de meu pai, Davi. Mas eu não passo de um jovem e não sei o que fazer.

8 Teu servo está aqui no meio do povo que escolheste, um povo tão grande que nem se pode contar.

9 Dá, pois, ao teu servo um coração cheio de discernimento para governar o teu povo e capaz de distinguir entre o bem e o mal. Pois quem pode governar este teu grande povo?

10 O pedido que Salomão fez agradou ao Senhor.

11 Por isso Deus lhe disse: Já que você pediu isso e não uma vida longa nem riqueza, nem pediu a morte dos seus inimigos, mas discernimento para ministrar a justiça,

12 farei o que você pediu. Eu darei a você um coração sábio e capaz de discernir, de modo que nunca houve nem haverá ninguém como você.

13 Também darei o que você não pediu: riquezas e fama, de forma que não haverá rei igual a você durante toda a sua vida.

14 E, se você andar nos meus caminhos e obedecer aos meus decretos e aos meus mandamentos, como o seu pai, Davi, eu prolongarei a sua vida.

A narrativa mostra que Salomão estava inseguro com o seu novo posto de rei, assumindo o lugar de seu pai Davi, que tinha o título de "Homem segundo o coração de Deus".

Em seguida Salomão pede um coração cheio de discernimento para governar tão grande povo, pois reconhece que como rei será necessário tomar decisões difíceis, ou seja, ele iria precisar de muita sabedoria.

Aqui está o primeiro princípio que você precisa colocar em prática rapidamente na sua vida. O local no qual você está agora, representa o seu "reino particular", ou seja, a sua atividade profissional ou pessoal.

Pense sobre isso por alguns instantes. Todos os dias quando você sai de casa em direção ao seu trabalho e senta à sua mesa, ou quando você chega na sua empresa para iniciar mais um dia de atividades, essa é a sua realidade diária ou não?

Encarar sua atual realidade é o primeiro passo para descobrir quais as leis imutáveis do sucesso profissional. Você pode alcançar o sucesso aonde você está agora mesmo.

Algumas pessoas pensam: "Eu preciso mudar de cidade, empresa ou ramo de atividade para ter sucesso." Se você não seguir as leis imutáveis, não importa qual a cidade ou área de atuação, não é possível quebrar a atuação dessa lei.

Após reconhecer a atual realidade, Salomão encarou suas obrigações, ou seja, as atividades que ele deveria realizar de agora em diante.

O que você deveria estar fazendo que você ainda não começou a fazer? Por que suas promessas do último ano não se realizaram? Você colocou em prática aquilo que você prometeu que iria fazer?

Conheci um empresário há cerca de seis anos que tinha iniciado um negócio bem-sucedido na área de educação para jovens e por cerca de cinco anos os resultados financeiros de sua empresa foram sempre acima da média.

Porém, com o sucesso ele acabou decidindo investir em outras áreas e começou a fazer investimentos que não trouxeram o retorno esperado. Para suprir aquela série de prejuízos ele começou a usar recursos de sua primeira empresa.

Como você deve imaginar, essa história não terminou nada bem e ele acabou vendendo sua primeira empresa.

Depois desse primeiro tropeço ele continuou uma série incontável de tentativas frustradas de alavancar um novo negócio.

Sempre que eu conversava com ele e escutava os seus planos eu pensava: "Essa é uma ÓTIMA ideia, tem tudo para dar certo."

Porém, sempre que eu o encontrava novamente meses ou anos depois, ele estava em um novo projeto com novos planos e ainda estava em busca de algo que realmente desse certo.

Certa vez com muita cautela eu disse: "Por que você não tenta por seis meses se concentrar em um único projeto? E mesmo depois de uma primeira aparente derrota, você não continua tentando e realizando os ajustes necessários?"

A resposta imediata foi: "Eu sinto que ainda não encontrei a melhor oportunidade."

Talvez você tenha identificado alguém que tem esse comportamento de "pular de galho em galho", ou até mesmo, você esteja seguindo esse ciclo.

O exemplo de Salomão nos ajuda a encarar essa situação com um novo olhar. Salomão reconhecia que não tinha a habilidade e preparação necessária para sua nova missão e reconhecer isso foi o primeiro passo em direção ao sucesso.

Você não encontra Salomão pedindo para que outra pessoa assuma sua posição, afinal, ele era um rei, você pode pensar.

Muitas pessoas pensam: "Se eu fosse o diretor de uma empresa, tudo seria diferente." Existem pessoas que conseguiriam falir uma empresa em menos de um ano, por pura falta de competência.

O ponto aqui em questão é:

1. Aceite o local onde você está.
2. Aceite que você ainda não tem habilidade suficiente (se tivesse já estaria no próximo nível).
3. Busque um coração cheio de discernimento.

Salomão pede sabedoria para tomar as melhores decisões e esse pedido agrada a Deus que, por sua vez, entrega à Salomão aquilo que ele não pediu.

Repare o texto 13: *Também darei o que você não pediu: riquezas e fama, de forma que não haverá rei igual a você durante toda a sua vida.*

Isso prova sem nenhuma dúvida que a busca por sabedoria traz recompensas "automáticas", como riqueza e boa fama.

Isso significa que o tamanho da sua busca por sabedoria será proporcional ao seu equivalente financeiro.

Em outras palavras, ser sábio significa respeitar as leis imutáveis.

Lembre-se: as leis imutáveis não podem ser quebradas.

Se você obedecer às regras fielmente os seus resultados precisam aparecer.

Infelizmente, seja nas escolas, faculdades ou em grupos religiosos, esses princípios acabam sendo totalmente ignorados. Existe um manual rígido de ensinamentos que devem ser compartilhados nesses grupos sociais, que ignoram completamente as leis imutáveis do sucesso.

Milhões de pessoas em todo o mundo não estão alcançando melhores resultados porque simplesmente não tiveram acesso a essas leis. Muitos outros foram simplesmente condicionados a não buscarem essas leis, afinal, buscar a excelência profissional não é algo que deve ser colocado como um alvo.

O dinheiro é tratado como um assunto perigoso, pois desejar o dinheiro é algo que transforma um ser humano bom em alguém mesquinho, egoísta e mercenário. Isso parece familiar para você?

Salomão ensina que o dinheiro é uma ferramenta e precisa ser encarada como tal. No entanto, com a mensagem que existe que "dinheiro é algo ruim" e você não deve "buscar ter muito dinheiro", na mente subconsciente existe uma clara mensagem sendo construída que é: "Você não precisa se esforçar tanto."

Repare bem nisso, pois essa pode ser a grande armadilha mental que o está impedindo de sonhar grande e talvez isso possa impedi-lo de seguir as leis imutáveis que serão apresentadas nos próximos capítulos.

Existe uma mensagem sendo divulgada que é: "Você não deve ter muito dinheiro... isso é coisa de pessoas egoístas."

Essa mensagem tem feito com que muitas pessoas pensem: "Eu não preciso me esforçar tanto, afinal, eu não preciso de muito dinheiro, isso não é uma coisa boa."

E é nesse momento que muitas pessoas desrespeitam várias das leis imutáveis do sucesso.

Esse é o ciclo da mediocridade que tem afetado milhões de famílias em todo o mundo.

Funciona mais ou menos assim:

1. Você aprendeu que ter dinheiro demais é ruim e só traz problemas.
2. Você aprendeu a dizer que tudo é caro e que dinheiro não nasce em árvore.
3. Você aprendeu que os "patrões" só pensam em lucro e exploram os empregados.
4. Você aprendeu que a maioria das pessoas "enrola" no trabalho e que somente os trouxas trabalham até depois do expediente.
5. Você aprendeu que não faz mal chegar atrasado no trabalho somente 5 minutos, todos os dias.
6. Você aprendeu que depois que encerrar o expediente, tudo o que você precisa é ligar a televisão e esquecer que o trabalho existe.
7. Você aprendeu que sexta-feira é o melhor dia da semana e que segunda-feira é o pior.
8. Você aprendeu que "querer não é poder".
9. Você aprendeu que é preciso ter "amizade" para conseguir um cargo melhor.
10. Você aprendeu que os clientes da sua empresa são todos "ingratos" e que precisam ser tratados com mais disciplina.
11. Você aprendeu que depois que você já está há mais de um ano em uma área de atividade, qualquer treinamento ou palestra é desnecessário, afinal, você já sabe demais e tudo é uma perda de tempo.
12. Você aprendeu que existem coisas que somente os ricos podem fazer e, portanto, é melhor você nem pensar a respeito.

Nós poderíamos continuar essa lista por muito tempo, mas acredito que você já entendeu qual o ponto.

Depois desses aprendizados, uma mensagem fica muito clara na mente das pessoas que recebem esse tipo de formação pessoal:

"Eu não preciso me esforçar tanto, vou somente fazer a minha parte."

Essa frase: "Vou fazer só a minha parte" é o gatilho que ativa o comportamento da mediocridade.

Frases como: "Não sou pago para isso" ou "Não tenho obrigação nenhuma de fazer isso" é o que tem feito milhares e milhares de pessoas viverem presas nesse ciclo.

Talvez você esteja pensando: "Mas você não conhece meu patrão, se eu me esforçar ele não irá reconhecer nunca, por isso eu não me esforço tanto."

Aqui vai um grande alerta: você não deve se esforçar para o seu patrão, mas para fazer as leis imutáveis trabalharem a seu favor.

Não importa se o seu patrão irá reconhecer o seu esforço acima da média (algo que é muito difícil, se você estiver realmente se esforçando ao máximo), a aplicação das leis imutáveis geram uma resposta certa.

Trabalho com excelência = Resultados excelentes
Trabalhos medíocres = Resultados medíocres

Não importa qual seja a sua desculpa, se você não está contente com os seus resultados de hoje, isso é totalmente responsabilidade do seu trabalho no passado. Ponto.

Mas, felizmente, se você está lendo esse livro é sinal que você ainda está respirando, ou seja, ainda está vivo.

Lamentavelmente, milhares de pessoas chegam ao final de suas vidas sem conhecerem esses princípios e passaram seus últimos anos achando que a culpa dos seus resultados foi de terceiros.

Se você está lendo esse livro, isso significa que basta você mudar suas ações agora para que amanhã os seus resultados possam ser incrivelmente melhores.

Lembre-se: Salomão pediu sabedoria e recebeu o que não pediu, riqueza e fama.

13 Também darei o que você não pediu: riquezas e fama, de forma que não haverá rei igual a você durante toda a sua vida.

Isso significa que você precisa se concentrar na aplicação das leis imutáveis e deixe que ela trará a recompensa financeira. Em outras palavras, concentre-se em ser um profissional excelente.

Se você se concentrar em: "Irei me esforçar, vou dar o meu melhor, irei fazer o meu melhor trabalho, com atenção, dedicação."

As leis imutáveis irão entrar em ação e sua recompensa será proporcional à sua busca por excelência. Talvez nesse exato momento você já tenha sido capaz de entender a base das leis imutáveis do sucesso e somente com o que você leu até aqui, é possível colocar a lei para trabalhar por você.

Algumas pessoas conseguem identificar esse princípio rapidamente, outras demoram um pouco mais. A nossa sugestão é que você leia esse livro quantas vezes forem necessárias até que esses princípios possam ser completamente assimilados.

FALE MENOS E FAÇA MAIS

Você provavelmente já deve ter escutado a expressão: "Cachorro que muito late, não morde." É provável que você conheça muitas pessoas que se adaptam completamente a esse provérbio popular.

Talvez em uma análise mais criteriosa você perceba que ultimamente esse é um comportamento que você acabou adquirindo, isto é, você fala que irá fazer algo, mas na prática, não faz o que disse que iria fazer.

Em nossa família, há alguns anos nós criamos o hábito de anotar nossas metas no dia 31 de dezembro, guardar dentro de uma caixa e abrir no dia 31 de dezembro do ano seguinte.

Na primeira vez que eu fiz esse exercício e abri a minha caixa percebi o quanto eu tinha "latido muito" e feito tão pouco. Coloquei uma lista enorme de coisas que eu desejava alcançar, naquele momento tudo parecia realmente possível de realizar nos 12 meses seguintes, porém, pouco mais de 30% das metas eu realmente consegui alcançar.

Depois de conhecer com mais profundidade e aplicar com mais seriedade as leis imutáveis percebi que falar demais, além de não ter eficiência em direção às nossas metas, tem a função de atrasar nossas realizações.

Tiago 3:6-9 *Ora, a língua é fogo; é mundo de iniquidade, a língua está situada entre os membros de nosso corpo, e contamina o corpo inteiro, não só põe em chama toda a carreira da existência humana, como também é posta ela mesma em chama pelo inverno.*

9 Com ela bendizemos ao Senhor e pai; também com ela amaldiçoamos os homens, feitos à semelhança de Deus.

A língua pode propagar rapidamente a destruição, como a fumaça que acompanha, essa pode impregnar e arruinar tudo à sua volta. Contaminar significa poluir, ou sujar. Mateus 7:20 *Pelos frutos te conhecereis*.

Salomão nos ensinar a nos concentrarmos em nossas atividades, e não simplesmente ficarmos somente em meras palavras.

Não seja uma pessoa que conta os planos mais do que trabalha neles. Pense um pouco sobre isso.

Você passa mais tempo falando sobre o que você fará, ao invés do que você está fazendo?

Durante a criação desse livro, eu e o João Feitosa discutimos diariamente os pontos principais da estrutura desse conteúdo e por semanas nos enviamos e-mails com arquivos e anotações para organizar esse livro da melhor maneira possível.

Agora imagine que ao invés de começar a escrever, nós simplesmente ficássemos contando para os amigos e familiares sobre o nosso projeto?

Provavelmente você não estaria lendo essas linhas, pois este livro jamais seria concluído.

Além disso, o hábito de falar menos será extremamente útil na sua carreira, relacionamentos e negócios. Recentemente ouvi a história de um homem que reencontrou uma amiga em um restaurante.

Olhando para sua barriga um pouco "acentuada", ele então falou: "Nossa, quantos meses o bebê?" E ela visivelmente constrangida respondeu: "Eu não estou grávida."

Depois disso não foi dita mais nenhuma palavra. Silêncio.

É muito provável que você conheça situações semelhantes ou até mesmo você tenha sido protagonista de histórias parecidas e deve saber o quão embaraçoso são.

Existem aqueles que se orgulham de tal prática: "Eu falo mesmo... Sou muito honesto para falar tudo o que penso."

De acordo com Salomão, você é um tolo(a).

Inicie sua jornada na busca da aplicação das leis com esse princípio em mente. Falar menos. É muito comum após o conhecimento das leis o desejo de compartilhar isso com a maior quantidade de pessoas possível, nós realmente recomendamos a indicação desse livro para as pessoas que você ama.

Porém, muito cuidado com o momento de apresentar os conceitos para pessoas que nunca tiveram contato com essas leis, é muito comum que você enfrente algum tipo de situação desconfortável, ao ouvir frases como: "Eu já sei dessas coisas, isso não funciona... não é bem assim que as coisas são."

Para a aplicação desses princípios é preciso que a pessoa esteja aberta para o aprendizado, não é aconselhável tentar convencer alguém a acreditar e seguir as leis imutáveis.

Deixe que os seus resultados sejam a maior vitrine de inspiração para as pessoas que você ama e não se esqueça, você deve dedicar mais tempo na aplicação das leis, ao invés de simplesmente falar sobre elas.

Veja aqui algumas orientações de Salomão para você se lembrar para falar menos e fazer mais.

Provérbios 4:24 *Não permita que a tua boca fale qualquer inverdade, que teus lábios pronunciem difamação e engano.*

Provérbios 13:3 *Quem guarda sua boca guarda a sua vida, mas quem fala demais acaba arruinado.*

Tiago 3:2 *O indivíduo que guarda a boca é capaz de controlar todo o corpo.*

Aquele que não tem domínio próprio causa dano a si mesmo, ou seja, tudo o que disser poderá ser usado contra você.

Agir não significa sair atirando para todo lado, e sim fazer como atirador de elite: agir na hora certa atingindo o alvo certo.

A LEI IMUTÁVEL DA DILIGÊNCIA

Provérbios 22:29 *Viste o homem diligente na sua obra? Perante reis será posto; não permanecerá entre os de posição inferior.*

A primeira lei imutável do sucesso profissional é apresentada por Salomão em um contexto de reconhecimento público, ou seja, boa reputação e recompensa financeira.

O verso ensina que uma pessoa diligente em sua obra será colocada em uma posição de destaque, e não em uma posição inferior.

Imagine o contexto no qual estes versos foram escritos. A maior autoridade da época era o rei. Salomão ensina que os homens diligentes estariam trabalhando para o rei, e não para pessoas de um status inferior.

Imagine o seguinte cenário: um jovem de 18 anos começa como estagiário em uma empresa, trabalhando em um setor que não é tão reconhecido pela empresa. Porém, ele demonstra uma incrível habilidade que começa a chamar atenção de todos os seus superiores, até que o presidente da empresa toma conhecimento e decide conhecer aquele jovem.

Depois de uma conversa ele fica impressionado com tamanha habilidade e então convida o jovem para assumir um cargo na presidência da empresa, ao lado do presidente.

Esse exemplo talvez faça mais sentido para que você possa entender o contexto no qual Salomão falava esse provérbio. Em outras palavras, o serviço real representava os funcionários de alto padrão, afinal, eles estavam servindo diretamente o homem mais importante daquele contexto.

Agora imagine o salário de um estagiário. Imaginou?

Agora imagine o salário de um membro da presidência de uma empresa. E então?

Perceba que na história que usamos como exemplo, o jovem passou a ter uma posição de destaque, somada a uma recompensa financeira.

Repare também que, tanto na história que criamos como no provérbio de Salomão, existe uma ordem lógica que talvez você tenha deixado passar despercebido.

O verso diz: viste o homem diligente na sua obra? Perante reis será posto; não permanecerá entre os de posição inferior.

Repare que o reconhecimento da diligência é o passo número um, em seguida vem a recompensa (reputação financeira).

O verso não diz: perante reis será posto; não permanecerá entre os de posição inferior, quem se tornar diligente.

A ideia aqui é extremamente clara e simples: primeiro você se torna diligente e depois você colhe os resultados.

Existem pessoas que querem o resultado primeiro e depois se tornam diligentes.

"Primeiro me dê um aumento e DEPOIS eu vou me esforçar mais, enquanto isso, eu só faço o que eu sou pago para fazer."

Esse é o grande erro que muitos cometem.

Mas, afinal o que é ser diligente e como se tornar?

Salomão fala da recompensa de ser um diligente, porém, não entra em detalhes do que realmente significa ser uma pessoa diligente.

Quando analisamos esse texto em outras versões, encontramos alguns elementos que nos ajudarão a extrair a verdadeira essência do significado aplicado no texto de Provérbios.

Vês um homem hábil na sua obra?

Tens visto certamente pessoas que trabalham diligentemente: serão bem-sucedidas, os governantes dar-lhe-ão responsabilidades e não passarão despercebidas.

Vês tu a um homem perito na sua vocação? Esse não assistirá perante homens obscuros.

Repare bem que a cada versão temos uma visão mais clara do sentido da diligência.

Em muitos contextos, o ser diligente é tratado como algo ruim, realizado por pessoas que são inocentes e sem experiência.

Conheci a história de um jovem que durante as primeiras semanas no seu novo emprego estava completamente entusiasmado, afinal, ele estava trabalhando em uma área que ele sempre desejou trabalhar e nunca tinha conseguido uma oportunidade.

Suas atividades diárias eram como se fosse uma verdadeira diversão, algo que ele estava feliz em executar, tão feliz que sequer percebia a hora passar.

Ele estava se enturmando com os outros membros da equipe e sentia que aquele lugar seria um ótimo lugar para se desenvolver profissionalmente na sua área de atuação.

Durante os primeiros dois dias, ao voltar para sua casa, ele enfrentou um longo e intenso trânsito no caminho, afinal, era um horário de pico. Foi quando ele pensou: "Todo esse tempo que eu estou perdendo no trânsito eu poderia estar produzindo, estudando ou finalizando alguns projetos."

No outro dia, quando todos os colegas estavam saindo do escritório, ele decidiu que iria continuar trabalhando por mais algum tempo, porém, não explicou qual sua motivação.

Em poucos dias, aquele jovem era sempre o último a sair e aumentou incrivelmente sua produtividade e finalizava os seus projetos com extrema rapidez e qualidade.

Com o passar do tempo, ele já não precisava de duas ou três horas para realizar determinadas atividades, como era de costume, e então começou a finalizar rapidamente em questão de minutos.

Em pouco mais de dois meses, aquele jovem elevou o padrão daquela empresa e se tornou referência para os sócios, que rapidamente começaram a fazer referência ao seu trabalho, despertando ciúmes e ira de outros colaboradores.

"Por que vocês demoram três horas enquanto ele (o jovem) demora apenas alguns minutos?"

Em questão de semanas aquele jovem passou a ser isolado pelo restante da equipe. Na hora do almoço os colegas saíam sem convidar, em alguns lanches ou passeios durante a tarde ele não era convidado e, aos poucos, ele já não fazia mais parte daquela comunidade e começou a ser chamado de "babão do chefe".

Encurtando essa história, em pouco tempo aquele jovem se tornou a pessoa mais importante daquela empresa e pouco mais de um ano depois, abriu o seu próprio negócio, na mesma área de atuação e os seus antigos patrões se transformaram em seus clientes.

Os outros membros da equipe foram demitidos ao longo dos anos e na última vez que soube notícias, alguns já tinham pedido emprego para esse jovem por diversas vezes.

Lembre-se: escolher a diligência pode gerar momentos de solidão.

Quando você decide escolher ser diligente, se atualmente você se encontra em um ambiente preso ao ciclo da mediocridade, é provável que você possa ser chamado de "babão, trouxa, inocente" entre outras coisas.

A grande desculpa para ser medíocre é: "Seu chefe não vai reconhecer isso."

Lembre-se que o seu foco está em colocar a lei imutável do sucesso para agir a seu favor, e não impressionar o seu chefe.

Se ele for esperto, irá reconhecer rapidamente a sua habilidade e cuidará de você, caso contrário, o seu lugar será no topo, e não em meio aos de posição inferior.

Se você é um empresário, isso vale para o tratamento com o seu cliente. Não use a desculpa que: "Os clientes nunca nos valorizam."

Apenas faça a sua parte, seja diligente e coloque essa lei imutável para trabalhar a seu favor.

Viste o homem diligente na sua obra? Perante reis será posto; não permanecerá entre os de posição inferior.

Mas, como ser diligente? Talvez você esteja se perguntando se você é diligente ou não.

Existe uma maneira muito simples e rápida de descobrir isso. Mas antes de falar sobre como descobrir, vamos simplificar o conceito de ser diligente.

O dicionário irá definir diligente como: **"Esforço Persistente"**.

Mas quando Salomão apresenta o conceito de diligente, fica claro que ele não está falando de simplesmente trabalhar de maneira persistente.

E aqui entra a grande chave para liberar essa lei imutável do sucesso na sua vida. Ser diligente é trabalhar de maneira inteligente.

Em outras palavras, significa planejar o seu trabalho diário.

A maioria das pessoas simplesmente acorda e caminha em direção ao seu escritório ou para suas atividades diárias com o piloto automático 100% ligado.

O quanto você se planeja para acordar pela manhã, tomar um banho e escovar os dentes? Existem muitas pessoas que já colocaram suas atividades profissionais no mesmo setor do cérebro que registra as atividades automáticas, como tomar banho e escovar os dentes.

Em outras palavras, não pensam mais sobre o que eles irão fazer, afinal, "eu já sei o que eu tenho que fazer", e então vem a sofrível frase: "Eu não preciso mais me esforçar tanto."

O que Salomão nos orienta é o ser diligente de todos os dias, analisarmos de maneira criteriosa: "Como eu posso fazer o que eu faço de uma maneira que me gere melhores resultados, com um esforço menor e com mais velocidade?"

Salomão nos ensina que quando o machado não está afiado é preciso golpear com mais força. Isso explica porque muitas pessoas trabalham duro por anos e nunca conseguem derrubar as árvores da dificuldade financeira, dívidas e outros problemas.

Ser diligente significa afiar o machado de tal maneira que, com poucos golpes, a árvore, sendo representada aqui pelos desafios diários, seja completamente derrubada.

Experimente derrubar uma árvore com uma faca de cozinha. Quantos anos serão necessários para finalizar essa missão?

É assim que muitas pessoas estão tentando superar os desafios em suas vidas, cortando árvores com faca de cozinha.

Ser diligente é trabalhar de maneira inteligente, afiando o machado diariamente e repetindo a pergunta: "Como eu posso fazer o que eu faço de uma maneira que me gere melhores resultados, com um esforço menor e com mais velocidade?"

Lembra a história do jovem que conseguiu reduzir seu tempo de atividade de horas para minutos? Ele soube responder essa pergunta.

O que diferencia os milionários de uma pessoa que recebe um salário mínimo? Será que o milionário trabalha todos os dias da semana e faz hora extra?

Será que ele trabalha mais duro que o profissional que recebe um salário mínimo? Você sabe que a resposta é não.

Um milionário tem a mesma quantidade de horas por dia (24 horas), ele apenas usa o seu tempo de maneira mais inteligente.

Nem sempre foi assim, mas eles deram o primeiro passo há um bom tempo.

Tudo o que você precisa fazer é tomar essa decisão hoje.

Isso nos leva para a segunda lei imutável do sucesso. A Lei da Semeadura.

CAPÍTULO 4

A LEI DA SEMEADURA

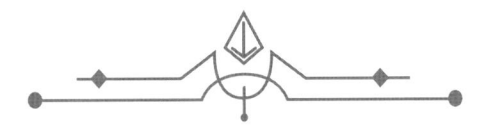

A Lei da Semeadura é uma das mais conhecidas, porém, a mais negligenciada. Se a maioria das pessoas que cita a famosa frase "você colhe o que planta" soubesse a profundidade dessa lei natural, estaria usando isso a seu favor há muito tempo.

Nesse capítulo iremos discutir os detalhes que passam despercebidos e que podem ser a chave para você colocar essa lei imutável do sucesso para trabalhar a seu favor.

Uma outra frase que está diretamente ligada ao conceito superficial que a maioria das pessoas tem acerca da Lei da Semeadura é: "aqui se faz, aqui se paga."

Perceba que na grande maioria das vezes, a aplicação da Lei da Semeadura está sempre atrelada a uma condição de punição ou castigo acerca de algo ruim que uma pessoa possa ter feito.

Isso mostra que muitas pessoas utilizam a Lei da Semeadura como um mantra de justiça, ou seja, se alguém fizer algo ruim com você, essa pessoa um dia irá receber uma merecida lição.

Mas poucos pararam para refletir que a Lei da Semeadura pode ser aplicada realizando justamente o oposto.

Pense sobre isso.

Se quando alguém faz algo de ruim com outra pessoa, em um futuro ela será castigada ou receberá algum tipo de lição pelo que foi feito, o que acontece com uma pessoa que faz o bem para muitas pessoas?

Uma das principais descobertas que fizemos durante nossa pesquisa está relacionada exatamente ao componente fundamental de uma semeadura, que é a semente.

É comum limitarmos a semente ao nossos atos, porém, uma semente pode ser criada através de uma visão, pensamento, palavras e ações.

A ação é o último estágio de um processo que começa com uma visão.

1. Visão de algo futuro.
2. Pensamento sobre o futuro.
3. Palavras sobre o futuro.
4. Ações atuais.
5. Resultado final.

Vamos começar falando sobre as sementes da visão.

Provérbios 29:18 *Por falta de visão, o povo vive sem freios; ditoso o que observa a instrução.*

Nesse texto é preciso fazer uma conexão contextual daquilo que Salomão ensina acerca de uma visão.

Faremos essa conexão para que o leitor possa entender de maneira completa o que visão representa para o autor de provérbios e então conseguir aplicar da maneira correta o que nós iremos chamar nesse capítulo de semente da visão.

Dentro do contexto histórico do povo de Israel, existia uma comunicação feita através dos profetas, que tinham o papel de transmitir uma mensagem divina, ou seja, o profeta revelava mensagens que ele recebia através de visões para o povo.

Essas visões direcionavam o povo acerca de acontecimentos

futuros e então lhe davam um caminho específico a seguir.

Veja esse texto em 1° Samuel 3:1

E o jovem Samuel servia ao SENHOR perante Eli; e a palavra do SENHOR era de muita valia naqueles dias, não havia visão manifesta.

De maneira bem simples e direta, Salomão nos coloca a seguinte mensagem: quando um povo não recebe uma visão, ele fica completamente perdido e sem ordem.

Lembro muito bem de quando eu ainda estava na escola, no chamado Ensino Fundamental, quando os professores saíam de sala era o momento que a bagunça começava.

A conversa aumentava de volume, as pessoas ficavam em pé, circulavam entre a sala de aula.

Porém, quando alguém avisava: "a professora está voltando", rapidamente todos voltavam para os seus lugares e ficavam quietos, fingindo que passaram os últimos minutos no mais absoluto silêncio.

Eu não sei se na sua sala de aula acontecia situação parecida, mas acredito que sim.

Salomão estava falando sobre viver sem uma visão de futuro ou em outras versões proféticas.

Onde não há profecia, o povo se corrompe; mas o que guarda a lei, esse é bem-aventurado.

Nessa versão nós temos um, mas que complementa a instrução desse provérbio. Salomão nos ensina que quando não existe uma profecia, visão ou orientação específica acerca do futuro, nossa vida fica sem algo, foco. No entanto, quem guarda a lei, esse é bem-aventurado.

A consciência da necessidade de gerar sementes de visão é algo que irá gerar os nossos resultados finais.

Algumas pessoas passam anos e anos vivendo suas vidas no piloto automático e por diversas vezes reclamam que se sentem estagnadas e que poderiam estar tendo resultados bem melhores.

Isso é um típico sinal da falta de uma semente de visão. Sem uma visão de futuro, como saber ao passar dos anos se você está indo em direção às suas metas ou não?

Vamos fazer uma breve lista de perguntas para ajudá-lo a saber se você está plantando sementes de visão na sua vida.

1. Quais são suas metas para os próximos 5 anos?
2. Como você se vê daqui a 5 anos na área profissional?
3. Como você se vê daqui a 5 anos na área financeira?
4. Como você se vê daqui a 5 anos na área espiritual?

5. Como você se vê daqui a 5 anos com relação à sua saúde/peso?
6. Quando você fecha os seus olhos e pensa sobre como estará sua vida nos próximos 5 anos, o que você vê?

A grande maioria das pessoas não consegue realizar esse exercício por uma razão muito simples: estão muito preocupados com o que está acontecendo agora, isto é, no hoje.

Talvez você esteja lendo esse livro com o pensamento: "mas eu quero resolver o meu problema agora. E rápido."

Salomão está nos ensinando que uma falta de visão no passado foi o que nos trouxe para a realidade de hoje.

Ou você começa a pensar sobre sua visão de futuro, ou você só tem outra opção a não ser aceitar o caminho que você está indo.

Imagine um jovem que vai até uma estação rodoviária e escolhe um ônibus sem sequer olhar o destino final. Ele entra no ônibus, senta e simplesmente espera aonde ele irá parar.

Muitas pessoas estão fazendo essa mesma decisão com suas vidas profissionais. Simplesmente "vendo o que irá acontecer".

Como plantar sementes de visão na sua vida?

Você já realizou algum sonho na sua vida? Acredito fortemente que sim.

Desde sonhos simples até os sonhos mais complexos, a grande maioria das pessoas possui histórias para contar de algo de bom que eles esperavam que acontecesse e que finalmente aconteceu.

Imagine um casal que junto sonhou em ter o seu primeiro filho, tudo começou com uma visão que em seguida se transformou em um sonho e logo veio um planejamento, em seguida a espera e finalmente a chegada da criança.

Imagine um casal sonhando com sua casa própria, primeiro vem a semente da visão, em seguida um plano é colocado em ação, existe a fase da espera, até o momento esperado.

Toda e qualquer realização, seja pessoal ou profissional, começa com uma visão que logo se transforma em um sonho.

É sua obrigação estabelecer uma visão clara de futuro nas principais áreas da sua vida, criar um quadro mental acerca do que você realmente tem como uma meta em sua vida.

A semente da visão está na séria decisão e comprometimento com uma meta específica.

Quer plantar sementes de visão? Escreva suas metas no papel agora.

O segundo tipo de sementes são os pensamentos.

O ser humano pensa o tempo todo que controlar os pensamentos é algo extremamente difícil. Quer fazer um teste?

Experimente NÃO pensar em uma pizza, sabor quatro queijos, sendo corada e o queijo derretido está caindo enquanto chega em um prato branco, que está em uma mesa com um pano vermelho escrito Pizzaria do Salomão.

Se você está lendo essas linhas com fome e for um admirador de pizza, pedimos desculpas.

Nossa mente a todo o momento tenta assumir o controle e é por essa razão que por diversas vezes enquanto você está concentrado em alguma atividade específica, pensamentos completamente aleatórios passam a surgir em sua mente.

Talvez enquanto você está lendo esse livro, ao mesmo tempo que consegue ler essas linhas, você esteja pensando em algo que deve fazer amanhã e ainda não começou ou simplesmente esteja lembrando de alguma conversa que teve recentemente.

Dentro da mente de cada indivíduo existe um grupo de pensamentos que são os chamados pensamentos dominantes.

Cada pessoa tem na sua mente uma caixa chamada de "pensamentos que irão se repetir diariamente".

Esses pensamentos podem mudar no decorrer dos dias ou meses, em virtude de algum acontecimento específico, mas alguns se preservam por anos e anos.

Imagine, por exemplo, um jovem de 16 anos em uma semana de provas. O seu pensamento dominante pode ser: "Preciso estudar, não sei nada dessa matéria, se eu tirar uma nota baixa, posso perder o ano."

Já um pai de família que trabalhe com vendas pode estar pensando: "Preciso vender essa semana, se eu não bater essa meta não terei dinheiro para pagar as prestações da casa e do carro."

Os pensamentos dominantes geralmente retratam necessidades atuais ou acontecimentos recentes.

Imagine, por exemplo, alguém que está com um amigo ou parente hospitalizado, os pensamentos dominantes podem estar naquele período relacionado ao estado de saúde do ente querido.

Acredito que você entendeu qual o ponto que nós queremos chegar.

Provérbios 23:7 *Porque, como imagina sua alma, assim ele é, ele diz: come e bebe.*

Provérbios 15:13 *O coração alegre (positivo) aformoseia o rosto, mas coração triste (negativo) o espírito se abate.*

Provérbios 18:2 *O insensato não tem prazer no entendimento, se não externar o seu interior.*

Jó 4:8 *Os que lavram a iniquidade e semeiam o mal, isso mesmo colhem.*

Oséias 8:7 *Porque semeiam ventos, hão de ceifar tormentas.*

Provérbios 22:8 *Os que semeiam as perversidades, colherão males.*

Levítico 19:19 *Não semeará no seu campo duas espécies de sementes. O bem igual ao bem, mal igual ao mal, o bem e o mal, bem pode prevalecer, mas o mal não pode vencer o bem.*

O que você precisa entender é que se você não estiver diariamente plantando sementes de pensamentos dominantes em sua mente, alguém fará isso por você, seja um amigo, familiar, noticiários ou qualquer outra pessoa que possa falar algo que sua mente transforme em um pensamento dominante.

Tente lembrar de alguma notícia que você viu e que o deixou preocupado e pensando a respeito de determinado assunto de maneira dominante.

Lembre-se de algum filme que você assistiu, com alguma cena forte que o fez ter pesadelos. Ou talvez alguma palestra que o fez refletir sobre as grandes oportunidades existentes na sua área de atuação, que deixaram ainda mais motivado.

O grande ponto é que os pensamentos dominantes podem ser divididos entre positivos e negativos.

Medo ou Alegria, Amor ou Ódio.

Talvez você tenha ficado chateado com algum colega de trabalho ou com algum familiar logo após determinada discussão e então passou a ter pensamentos dominantes relembrando aquela situação e rememorando o mesmo sentimento.

É exatamente nesse ponto específico que Salomão quer nos alertar fortemente.

Pensamentos dominantes se transformam em sentimentos dominantes que por sua vez criam comportamentos dominantes.

Talvez você tenha enfrentado alguma situação semelhante: imagine você, encontrando um amigo ou familiar e em uma simples conversa, após fazer uma brincadeira ou contar uma piada, a outra pessoa reage de maneira grosseira e então se retira imediatamente.

Um pouco desconfortável sem entender bem o que estava acontecendo, você fica se perguntando o que fez de errado.

Quando alguém mais próximo fala: não se preocupe, ele está assim porque ele está chateado com [razão da chateação] e desde ontem ele está assim.

Talvez no mesmo dia ou horas depois aquela pessoa pede desculpas e fala: "Me desculpe, naquele dia eu estava bem chateado por isso eu fui grosso."

Reconhece essa situação? Talvez você tenha sido o grosseiro da história, algo bem comum.

Agora imagine uma cena diferente.

Você chega na casa de um familiar e ele o recebe com um largo sorriso, lhe dá um abraço forte e o trata de uma maneira extremamente carinhosa, tanto que comenta: "Nossa que alegria é essa?"

Então alguém fala: ele recebeu uma promoção no seu trabalho e está superalegre com isso.

Percebe que situações de vitória trazem sentimentos e comportamentos positivos e situações de derrota trazem sentimentos e comportamentos negativos?

Existem pessoas que quando estão financeiramente bem estão sorridentes, comunicativas e alegres. Porém, quando as coisas não vão bem, se isolam, são grossas, não querem conversar.

Conhece alguém assim?

Existem pessoas que passam a criar um novo padrão para suas vidas, seguindo exatamente este mesmo ciclo.

Se as coisas estão bem, eu serei uma pessoa legal, amorosa, gentil. Se as coisas não estão bem, eu serei exatamente o oposto.

Agora pare para refletir um pouco sobre isso.

Imagine uma pessoa grossa, que não está com vontade de conversar, cooperar e está sem nenhuma paciência.

Agora coloque essa pessoa dentro de uma empresa, trabalhando de 8 a 10 horas por dia em equipe, tratando as pessoas ou clientes de maneira desagradável, o que você acredita que irá acontecer com essa pessoa?

Imagine o dono de uma empresa que trata seus funcionários dessa maneira. O que você acredita que irá acontecer? Imagine um marido que trata a esposa diariamente com esse mesmo padrão?

E pais que tratam seus filhos dessa maneira?

Salomão nos alerta que os pensamentos dominantes criam sentimentos dominantes e geram comportamentos dominantes.

A maioria das pessoas que se comporta dessa maneira não pensa sobre isso, sabe por quê? Em seus pensamentos dominantes elas estão concentradas nos problemas que essa pessoa não consegue parar de pensar.

Por isso é comum ouvir depoimentos de pessoas que possuem pensamentos dominantes negativos frases do tipo: "Você não sabe o que eu estou passando" ou "Se você estivesse no meu lugar" ou "Para você é fácil falar."

Imagine agora o oposto, uma pessoa que tem pensamentos dominantes positivos.

Dentro de uma empresa, trabalhando de 8 a 10 horas por dia ao lado de uma equipe, sendo educado, gentil, tratando as pessoas com respeito, seriamente dedicado em suas atividades.

Qual você acha que será o resultado desse funcionário?

Agora imagine o dono de uma empresa, que trata seus colaboradores com educação, respeito, reconhecimento, genuinamente preocupado com o seu desenvolvimento e diariamente estimulando sua equipe.

Qual será o resultado desse empresário?

Imagine o marido que diariamente trata a esposa com respeito, amor, carinho, realizando atividades juntos, conversando e principalmente ouvindo o que sua esposa tem a dizer.

Qual será o resultado desse casamento?

Imagine os pais que diariamente investem no relacionamento com os seus filhos, escutam, incentivam, ajudam a resolver seus problemas, dão orientação, ensinam valores.

Qual será o resultado dessa relação?

Salomão nos alerta acerca do perigo da frase: "Não estou com cabeça para isso."

Um pai de família que chega em sua casa com pensamentos dominantes negativos não consegue conversar amorosamente com sua esposa, ouvir os filhos ou pensar racionalmente e com o passar do tempo chegar em casa se transforma praticamente em uma guerra civil.

Imagine um lar no qual o esposo está com seus pensamentos dominantes negativos, a esposa está com os pensamentos dominantes negativos e os filhos estão com os pensamentos dominantes negativos.

Cada um mergulhado em seus problemas, preocupados e pensando de maneira dominante sobre eles.

Como consequência, sentimentos negativos são ativados e comportamentos negativos são ativados. Receita perfeita para uma bomba atômica.

Lembre-se: sua mente está sempre tentando assumir o controle e você não conseguirá simplesmente impedir que pensamentos negativos passem por sua cabeça.

No entanto, você pode usar as sementes da palavra para ativar os pensamentos dominantes positivos.

Vamos então falar sobre a semente da palavra.

Sementes da palavra.

Provérbios 18:21 *A morte e a vida estão no poder da língua; e aquele que a ama comerá do seu fruto.*

Provérbios 10:14 *As pessoas com entendimento sabem moderar a língua, mas os loucos deitam pela boca fora o que só lhes causa tristeza e incômodos.*

Salomão nos alerta fortemente a termos cuidado com a nossa língua. Ele nos ensina que nós iremos colher os frutos da nossa boca.

O alerta de Salomão é que as pessoas com entendimento sabem moderar a língua, em outras palavras, sabem aquilo que elas não devem falar.

Salomão ensina que a palavra tem poder de dar vida e morte. Suas palavras podem gerar esperança ou medo não somente na vida de outras pessoas, mas principalmente na sua vida.

A grande cilada da maioria das pessoas está em reforçar seus pensamentos dominantes negativos com o poder da palavra.

Eu vou repetir isso para que fique extremamente claro a importância das próximas linhas.

Salomão nos alerta que nossas palavras tem PODER. **"A morte e a vida estão no poder da língua."** Você pode usar suas palavras para gerar morte ou vida.

Depois de reforçar essa parte, podemos continuar.

Se você entendeu o que acontece na vida de uma pessoa que é dominada pelos pensamentos dominantes negativos, precisa entender que esse ciclo é reforçado pelo poder da palavra.

Para descobrir se uma pessoa está com o pensamento dominante positivo ou negativo, basta prestar atenção em suas palavras.

Mateus 12:34 *Pois a boca fala do que está cheio o coração.* Jesus Cristo deixou isso bem claro, quando diz que nossas palavras representam simplesmente um reflexo daquilo que está em nossos corações.

O coração tem sido entendido por muitos estudiosos como o cérebro inconsciente do ser humano, ou seja, o subconsciente, representando aqui o íntimo de cada indivíduo.

De uma maneira bem simples e direta, a boca fala daquilo que os nossos pensamentos dominantes estão cheios.

Uma pessoa que fala coisas negativas, está repleta de pensamentos dominantes negativos, já a pessoa que só fala coisas agradáveis está repleta de pensamentos dominantes positivos.

Plantar a semente da palavra é a maneira mais inteligente de dar um reset no seu cérebro, mudando os pensamentos dominantes negativos para os pensamentos dominantes positivos.

Mas atenção, é possível mudar pensamentos dominantes positivos para pensamentos dominantes negativos usando a semente da palavra.

Por isso que é importante você tomar muito cuidado com o seu ambiente. Falaremos isso mais à frente.

Existem duas maneiras de iniciar o processo de mudança de pensamentos dominantes negativos para positivos.

A primeira maneira consiste em ativar a memória das sementes da visão verbalmente.

Lembra das metas que você estabeleceu durante a fase da semente da visão? Obviamente você definiu metas positivas para a sua vida.

Quando um pensamento negativo tentar se instalar na sua mente, intencionalmente você poderá relembrar sua visão.

Lamentações 3:21 *Todavia, lembro-me também do que pode dar-me esperança.*

Você pode deixar seus pensamentos aparecem de maneira automática e aleatória ou você pode se concentrar em um pensamento específico.

Se eu pedir para você parar por alguns instantes e lembrar de uma situação de extrema alegria em sua vida, seja o nascimento de um filho, a conquista de um novo emprego, o dia do seu casamento ou o gol da vitória do seu time de coração.

Se você parar por alguns minutos e seriamente relembrar esse momento, você conseguirá recordar todos os detalhes e o seu cérebro irá repetir o mesmo processo químico que realizou naquele dia, ou seja, irá liberar diversas drogas em seu organismo.

Quanto mais você conseguir lembrar com detalhes dessa cena, mais sentimentos o seu cérebro irá ativar.

Porém, se você se lembrar de uma situação triste, o efeito é o mesmo. É uma questão de escolha.

Quando você estiver diante de um pensamento dominante negativo, traga à memória sua visão (futuro) ou resgate situações de alegria (passado) e durante esse processo (presente) seu cérebro automaticamente irá produzir sentimentos positivos e que irão mudar automaticamente seu comportamento.

É muito comum homens, mulheres e jovens voltarem de retiros espirituais ou até mesmo eventos corporativos extremamente motivados, animados e determinados.

Porém, com o passar do tempo tudo volta ao normal. Porque durante aquele período os pensamentos dominantes foram todos positivos, mas ao voltar para o dia a dia, o ambiente tratou de reativar os pensamentos dominantes negativos.

Por isso, as sementes da visão, pensamento e palavra, devem ser plantados diariamente.

Uma outra maneira de mudar os pensamentos dominantes negativos para positivos consiste na argumentação verbal.

Funciona mais ou menos assim:

1. Pensamento negativo aparece.
2. Verbalmente você faz um conflito direto com aquele pensamento (Isso não é verdade. Isso não irá acontecer, eu estou com um plano em prática para reverter isso).

A argumentação consiste em converter o pensamento dominante negativo para o positivo.

CAPÍTULO 5

A LEI DA COMUNIDADE

Dizem que no futebol vence o time mais unido e não o time com os melhores jogadores. Se isso é verdade eu não sei, mas pessoas que convivem em um ambiente de desunião estão mais propícias a sofrerem com resultados inferiores.

O segundo grupo de pessoas que ficam presas em resultados abaixo da média são aqueles que estão sempre isolados.

Em outras palavras, a famosa frase "antes só do que mal acompanhado" não é uma verdade.

Salomão nos ensina princípios poderosos sobre a necessidade de receber conselhos e também de estar em harmonia com as pessoas à sua volta (colegas de trabalho, familiares, amigos).

Infelizmente, desde criança muitas pessoas foram ensinadas que não se deve compartilhar seus planos com ninguém.

Você já ouviu alguma dessas frases:

1. Só conte sobre esse novo trabalhado quando der certo.
2. Não conte para ninguém que você está indo fazer essa prova, se você não passar ninguém ficará sabendo.
3. Não conte para ninguém que você recebeu essa proposta, as pessoas ficarão com inveja.
4. Só conte depois que der tudo certo.

e assim por diante.

Mesmo no ambiente familiar essa é uma realidade e muitos crescem aprendendo que não se deve compartilhar planos, metas ou desejos, afinal, as outras pessoas sentirão inveja e isso só o atrapalhará de alcançar os seus resultados.

Se você já entendeu que as Leis Imutáveis do Sucesso não podem ser desrespeitadas, isto é, como parte das leis naturais ela não pode ser trapaceada, nesse momento você já deve ter percebido que superstições desse tipo não devem sequer fazer parte da sua rotina.

Salomão não nos ensina a compartilharmos os nossos planos a todas as pessoas, essa não é a sua orientação. Pelo contrário, ele nos ensina que no muito falar, não faltam erros.

Falar pouco é melhor do que falar muito.

No entanto, se isolar em seus planos é um erro grave e demonstra falta de sabedoria.

Você precisa ter pessoas de confiança para lhe aconselhar, mais do que isso, é importante que você tenha a humildade para refletir acerca dos conselhos recebidos.

Provérbios: 12:15 *O que dá ouvido aos conselhos é sábio*. Salomão nos ensina que o que dá ouvido aos conselhos é sábio.

Provérbios 15:22 *Quando não há conselhos os planos se dispersam, mas havendo muitos conselheiros eles se firmam.*

Repare bem na primeira parte desse provérbio. Quando não há conselhos os planos se dispersam.

Em outras versões encontramos a seguinte palavra: *Onde não há conselho, frustram-se os projetos.*

Se você simplesmente ler este provérbio, sem buscar entender a origem da palavra e o contexto específico desse aconselhamento, talvez não consiga aplicar essa lei de uma maneira correta.

Particularmente essa foi uma lei que nós dedicamos um tempo de estudo para separar simples suposições com uma constatação em uma base sólida.

Existe um erro de interpretação que muitas pessoas acabam cometendo, quando se deparam com a Lei da Comunidade e com a necessidade de buscar conselhos.

Imagine o seguinte cenário:

Um jovem está iniciando um novo negócio na área de turismo e então se vê diante da decisão de definir qual seria a área de atuação da sua empresa, ou seja, se iria trabalhar com foco no turismo local ou internacional.

Preocupado em tomar uma decisão errada ele então vai visitar seus pais e pede um conselho sobre qual seria a melhor decisão.

De acordo com os ensinamentos de Salomão, a decisão do jovem está correta ou errada? Leia novamente o texto:

Provérbios 15:22 *Quando não há conselhos os planos se dispersam, mas havendo muitos conselheiros eles se firmam.*

Agora imagine que depois desse conselho o jovem procura seus amigos do futebol da sexta-feira e faz a mesma pergunta:

"O que vocês acham? Melhor turismo local ou internacional?" E ele continua acumulando opiniões e conselhos acerca do seu negócio.

Vou repetir a pergunta: Você acha que essa escolha de pedir conselhos antes de tomar uma decisão foi algo acertado?

Sim ou não?

Mesmo parecendo que essa atitude foi repleta de sabedoria e humildade, o que o jovem fez não foi o que o sábio Salomão orientou.

Provérbios 15:22 *Quando não há conselhos os planos se dispersam, mas havendo muitos conselheiros eles se firmam.*

Se você simplesmente levar esse trecho entendendo que basta pedir a maior quantidade de conselhos possíveis e seus planos irão se estabelecer, isto é, irão dar certo, você está enganado.

Por isso é preciso se aprofundar no significado do texto e buscar outras versões para entender o real sentido da orientação de Salomão.

Repare bem nessa outra versão:

Provérbios 15:22 *Um empreendimento feito sem o conselho dos que conhecem o assunto falha. São eles que podem dar uma garantia de sucesso.*

"Um empreendimento feito sem o conselho dos que conhecem o assunto falha."

Aqui está a grande revelação quase escondida nesse provérbio. Os planos se estabelecem com o conselho de quem entende do assunto.

De maneira simples, o que o jovem deveria ter feito era buscar conselhos de profissionais da área de turismo, ler livros sobre o assunto, participar de congressos, se aprofundar em levantar dados e informações sobre os dois mercados.

A opinião das pessoas próximas são importantes, porém, é preciso separar "achismo" de uma opinião profissional e qualificada.

Há alguns anos quando eu iniciei minha empresa de consultoria em vendas online, enfrentei certa dificuldade em construir uma estratégia para um cliente, que sempre pedia a opinião de sua esposa, antes de aprovar qualquer ação de publicidade.

Aparentemente nenhum problema, não é verdade? Porém, a sua esposa trabalhava em uma área completamente diferente e jamais havia participado de qualquer tipo de atividade relacionada ao mundo das vendas online.

Salomão nos ensina a procurarmos opiniões livres de qualquer tipo de envolvimento emocional, isto é, uma análise fria sobre o seu negócio ou carreira.

Se nesse exato momento você está precisando de uma orientação profissional, seja com relação ao seu trabalho ou sua empresa, faça uma pesquisa séria e busque conselhos de pessoas que entendam do assunto.

No contexto que Salomão escreveu este conselho, ainda não estávamos na era digital, ou seja, os conselhos eram dados pessoalmente. No entanto, hoje temos a possibilidade de nos aconselharmos através de livros, vídeos, entrevistas e uma série de outros recursos.

Buscar conselhos também significa estudar, ler, ouvir e, claro, conversar.

É muito comum o ser humano procurar pela resposta que ele gostaria de ouvir, e não pela resposta correta.

Quando buscamos conselhos com as pessoas que estão próximas a nós e que existe envolvimento emocional, geralmente iremos encontrar as respostas que queremos, e não as respostas corretas.

Lição: Os pensamentos devem ser amadurecidos.

Provérbios 20:18 *Os projetos que se fazem devem ser amadurecidos com reflexão. Não se vai à guerra sem se ter refletido no que se faz.*

Esse ensinamento de Salomão também reflete a Lei da Comunidade e nos mostra um plano de dois passos que precede a execução de um plano ou projeto.

Existem pessoas que buscam conselhos, fazem pesquisa de mercado, estudam e se preparam para colocarem seus projetos em prática. Porém, não esperam o tempo de amadurecimento.

Conheço um empresário que já registrou mais de 10 domínios diferentes, para um projeto que ele ainda não colocou no ar.

Como isso aconteceu?

Ele pensava em um nome e então decidia: essa ideia foi genial! Rapidamente ele registrava o domínio e com o passar daquela empolgação inicial ele entrou na fase do amadurecimento e então desistia e voltava sua procura.

Toda ideia tem uma fase de amadurecimento que é basicamente o retorno dos níveis de excitação do nosso organismo.

Salomão nos orienta a esperar e refletir após uma grande ideia para então tomar a decisão de seguir em frente.

Algo como uma boa noite de sono. Experimente fazer isso.

É importante que você entenda que todos os ensinamentos de Salomão podem ser apresentados com base científica em diversos estudos realizados por pesquisadores modernos.

Durante nossa pesquisa e produção desse livro, verificamos diversas fontes que apoiam os escritos de Salomão registrados no livro de provérbios. Não achamos necessário inserir conteúdos científicos ou explicações técnicas acerca de cada um dos conceitos, pois acreditamos que isso iria eliminar uma das nossas premissas básicas desse projeto que é a de manter uma linguagem simples e direta.

Existe um grande diferença entre frases motivacionais e provérbios populares, com os conceitos valiosos apresentados por Salomão.

Na verdade, entendemos que estas são leis imutáveis que não podem de maneira nenhuma serem alteradas do seu curso natural.

Para usar corretamente a Lei da Comunidade, basta você seguir o princípio do aconselhamento correto, ou seja, buscar orientação com as fontes corretas.

Um empreendimento feito sem o conselho dos que conhecem o assunto falha.

Esse Provérbio também nos mostra que devemos selecionar com muita atenção as pessoas que diariamente nos estarão próximas.

Pense um pouco sobre isso. Salomão nos alerta para buscar os conselhos de quem entende do assunto específico que você irá precisar de ajuda.

Isso nos mostra dois tipos de situações que você precisa entender completamente.

1. Situação específica no início de um novo projeto.
2. Situação cotidiana, isto é, algo que acontece de maneira recorrente.

A Lei da Comunidade é infalível quando você cuidadosamente escolhe as pessoas que irá se relacionar durante o seu dia a dia.

Lembre-se que as leis são complementares e funcionam como um grande aglomerado de instrumentos que, se obedecidos e aplicados da maneira correta, são capazes de gerar resultados extraordinários.

A Lei da Comunidade está diretamente ligada com as demais leis, como a Lei da Diligência e a Lei da Semeadura.

Experimente andar diariamente, estar com pessoas que não tenham o hábito de serem diligentes e veja qual o resultado final.

Experimente andar com pessoas que diariamente expressam opiniões e pensamentos negativos acerca de qualquer assunto, e você se verá reclamando dos mesmos assuntos.

Lembre-se: as leis são imutáveis.

A cada dia em comunidade com pessoas que estão em desarmonia com as leis da diligência e semeadura, aos poucos você irá seguir o caminho completamente inverso aos resultados que você deseja alcançar.

O ser humano, de um modo geral, tem a característica como um ser social de ser um excelente imitador.

Aprendemos desde o nosso nascimento a imitar comportamentos, acreditamos que esses comportamentos em sua essência são nossos, quando na verdade estamos simplesmente reproduzindo um comportamento observado.

Nos primeiros anos de vida os nossos pais representam grande parte desse espelhamento, seguido pelos professores, amigos e em seguida, grupos sociais.

Uma maneira simples de perceber esse padrão é observando um grupo de adolescentes em um shopping nos fins de semana.

A maneira de andar, de vestir, os acessórios, como se todos fossem da mesma família.

Esse é o mesmo padrão quase invisível que acontece em muitas empresas e famílias. Essa imitação, que muitas vezes é imperceptível, consolida a Lei da Comunidade, tanto em seus aspectos positivos como nos negativos.

Há cerca de dois anos eu iniciei um programa de formação de consultores de marketing digital, chamando Expert em Vendas Online.

Nesse programa nós ensinamos profissionais de diversas áreas a começarem sua própria agência de marketing digital.

Nós ensinamos nesse programa como os nossos alunos podem fechar contratos de alto valor mensal, algo entre R$ 5.000,00 a R$ 10.000,00 por mês.

É extremamente comum alunos novatos que até então nunca haviam fechado contratos de alto valor, simplesmente começarem a fechar contratos de valores maiores.

É óbvio que o programa compartilha conteúdo avançado que permite que os alunos possam incrementar os seus valores de consultoria, porém, o efeito espelho exerce um papel fundamental nessa mudança.

À medida que novos alunos dão depoimentos de que fecharam contratos de alto valor, outros começam a acreditar cada vez mais que é possível e essa fé gerada através do grupo leva o aluno a aplicar um espelhamento e em pouco tempo começam a fechar contratos de alto valor.

Na grande maioria dos casos, uma simples mudança foi responsável pelo fechamento dos contratos de maior valor.

Ironicamente, a maioria dos alunos que nunca tinha fechado contratos de alto valor, simplesmente não tinha oferecido para nenhum cliente esse tipo de serviço.

Em outras palavras, eles simplesmente não pensavam nessa possibilidade, pois não faziam parte de uma comunidade que estava habituada a fazer isso.

Hoje é bem comum quando um aluno fecha um contrato abaixo do que nós indicamos, os próprios alunos alertarem: "Você não deveria ter feito isso, precisa se valorizar."

Esse é o efeito da comunidade que começa a moldar um padrão de comportamento. Agora imagine que esse mesmo aluno fizesse parte de uma comunidade na qual todos estão fechando contratos de valor bem inferiores, o que iria acontecer?

Salomão nos alerta a usarmos a Lei da Comunidade a nosso favor.

Portanto:

1. Peçam conselhos a pessoas capacitadas.
2. Ande com pessoas que estão tendo resultados melhores que você e aprenda com eles.

CAPÍTULO 6

A LEI DA REPUTAÇÃO

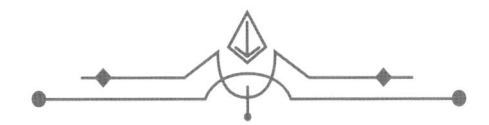

Salomão ganhou a fama de ser o homem mais sábio e rico que já existiu. Pense um pouco sobre essa sequência de adjetivos atribuídos a Salomão, sábio e rico.

Se o leitor desse livro prestar atenção nos detalhes apresentados nos últimos capítulos, talvez esse seja o momento em que as peças irão se juntar em sua mente e é provável que você consiga de uma maneira bem simples identificar como ativar as leis imutáveis do sucesso para atuar a seu favor.

Todo o restante do livro se tornaria dispensável se o leitor entendesse somente a ordem pela qual Salomão alcançou sua fama e sucesso.

Nesse capítulo falaremos sobre a chamada Lei da Reputação. De acordo com o sábio Salomão, a reputação é mais importante que o sucesso em si. Veja o trecho a seguir:

Provérbios 22:1 *Mais digno de ser escolhido é o bom nome, do que muitas riquezas e o favor é melhor do que a prata e o ouro.*

Em outras traduções temos a seguinte descrição: *O bom nome vale mais do que muitas riquezas.*

Mas como podemos na prática aplicar a Lei da Reputação em nossa vida profissional e nos negócios? Será que somente ter uma boa fama significa ter um bom nome?

É importante entender que o provérbio de Salomão não deve ser visto apenas como algo superficial, ou seja, a boa fama não significa simplesmente ser uma pessoa com a "ficha limpa".

"Ninguém tem nada a falar ao meu respeito, faço tudo direito"; "Eu pago meus impostos, trato as pessoas com respeito e ninguém pode falar nada mal sobre mim"; "Eu não tenho nada a esconder, me considero uma boa pessoa".

Essas são frases comuns de pessoas que entendem esse provérbios da maneira superficial e por isso não conseguem tirar o melhor proveito desse precioso ensinamento.

Se você está estudando cada lei desse livro com muita atenção, irá perceber que por diversas vezes os ensinamentos parecem como pérolas escondidas que precisam de um olhar atento e de um esforço extra para encontrar o verdadeiro significado e orientação em cada lei.

Antes mesmo de iniciar o projeto desse livro, a leitura de provérbios sempre foi algo que me acompanhou e os conselhos do sábio Salomão, bem como a apresentação das leis imutáveis foram algo que sempre tiveram uma grande relevância para mim.

Porém, quando decidimos estudar profundamente essas leis, foi como se existisse uma camada ainda mais extensa de ensinamentos incrivelmente simples e úteis.

É importante que você volte mais de uma vez para cada capítulo e poderá ver claramente esse efeito acontecer diversas vezes com você também.

O que pode ter passado despercebido na primeira leitura de Provérbios 22:1 é que Salomão não está nos orientando a simplesmente sermos pessoas que *"não temos nada a esconder"* ou que *"ninguém possa falar nada a nosso respeito"*; o que Salomão nos orienta é exatamente o contrário.

Salomão nos encoraja a construirmos uma boa fama, ou seja, que as pessoas possam ter algo positivo ao falar sobre você.

Percebe a diferença sutil?

A boa fama vale mais que a prata.

Salomão entendia isso perfeitamente e por essa razão ele conseguiu um nível tão alto de sucesso.

Quando Salomão assumiu o reinado, provavelmente aquele foi um momento de grande expectativa, afinal, ele precisaria dar sequência ao grande rei Davi, que tinha a fama de ser "O homem segundo o coração de Deus".

Eu não sei se você já fez alguma palestra na sua vida, mas antes da sua apresentação, o palestrante que o antecede pode deixar as coisas bem difíceis para você de duas maneiras:

1. Realizando uma palestra entediante e com isso a plateia simplesmente irá ficar com sono, ou seja, agora você precisa acordar a plateia novamente e então conseguir que as pessoas prestem atenção e gostem da sua apresentação.

2. Realizando uma palestra incrivelmente cativante e, nesse caso, talvez você se torne o palestrante que irá fazer as pessoas dormirem, caso não mantenha o mesmo nível de animação.

Em todo o caso, é mais fácil acordar uma palestra após uma palestra entediante, ao invés de superar uma incrível palestra anterior. As pessoas sempre fazem comparações, é inevitável.

Imagine agora a situação de Salomão quando assumiu o trono após anos de grandes conquistas de seu pai.

Porém, nesse mesmo contexto Salomão nos dá o exato passo a passo para usar a Lei da Reputação ao nosso favor.

Na oração de Salomão fica claro sua preocupação acerca de suas escolhas e consequentemente sua reputação.

8 Teu servo está aqui no meio do povo que escolheste, um povo tão grande que nem se pode contar.

9 Dá, pois, ao teu servo um coração cheio de discernimento para governar o teu povo e capaz de distinguir entre o bem e o mal. Pois quem pode governar este teu grande povo?

O pedido de Salomão por um coração cheio de discernimento para governar, que também pode ser entendido como sabedoria para governar, deixa claro um segredo bem guardado dentro da lei imutável do sucesso que é a Lei da Reputação.

Nossa reputação é construída puramente através das nossas escolhas. É importante entender o contexto com que Salomão fez essa oração, pois suas decisões não eram fáceis de serem tomadas.

Na sua posição de rei, ele tinha o poder de decidir se alguém iria viver ou morrer, se a sua nação ficaria em paz ou entraria em guerra.

Cada decisão que ele tomava não poderia mais retornar, afinal, era a palavra do rei.

As leis determinadas por suas palavras passariam a valer em todo o seu reino e aquilo que saísse de seus lábios se transformava rapidamente em uma mensagem transmitida em toda a extensão do seu reinado.

No momento de tomar a decisão, ele, como rei seria o juiz e sua palavra sempre determinaria a decisão final. Percebe o tamanho da responsabilidade?

Se você acha difícil tomar decisões hoje, se coloque no lugar do sábio Salomão quando assumiu o reinado:

1. Assumindo o reinado após o seu pai rei Davi.
2. Tendo o poder de decidir se alguém iria sobreviver ou morrer.
3. Decidir se entraria em guerra ou ficaria em paz.

Olhando por esse lado, parece que nossas as decisões se tornam mais simples.

Salomão nos dá um incrível presente através do livro de provérbios, mostrando que nossa reputação é criada primordialmente como consequência das nossas escolhas.

E é exatamente aqui que você deve se concentrar para conseguir realizar uma aplicação prática da Lei da Reputação.

Se você observar com bastante atenção, todas as decisões que Salomão precisava tomar são decisões que nós precisamos tomar hoje.

1. As nossas escolhas podem dar vida ou morte aos nossos relacionamentos pessoais e profissionais.
2. As nossas decisões podem fazer com que se inicie um conflito no trabalho, em casa ou até mesmo no seu mercado de atuação.
3. As nossas decisões podem fazer com que um conflito se encerre, seja nos negócios ou na sua vida pessoal.
4. As nossas decisões podem fazer com que as pessoas se aproximem de nós ou decidam se afastar.

Imagine que sua vida ou o seu legado ou até mesmo o seu negócio ou carreira representa o seu reinado pessoal. Isso fará com que você se coloque na situação de Salomão.

Mesmo com a coroa de rei em sua cabeça, ele reconheceu que precisaria de muita sabedoria para tomar suas decisões, pois elas seriam exatamente responsáveis por sua fama, fosse ela boa ou não.

E foi exatamente essa sabedoria em tomar decisões difíceis que fizeram com que a fama de Salomão ultrapassasse os limites do seu reinado e chamasse atenção de sábios e reis de diversas regiões.

Nas primeiras linhas desse capítulo falamos sobre a fama de Salomão.

"Salomão ganhou a fama do homem mais sábio e rico que já existiu. Pense um pouco sobre essa sequência de adjetivos atribuídos a Salomão, sábio e rico."

Essa é a sequência perfeita para o sucesso profissional. Primeiro a sabedoria (coração cheio de discernimento para tomar boas decisões que gerem boa fama) e em seguida, o resultado financeiro e todos os demais benefícios.

Salomão nos ensina a realizar uma medição prática se estamos no caminho certo para alcançar sucesso profissional.

Esse é o teste da reputação:

1. O que as pessoas estão falando sobre o seu trabalho?
2. Você é conhecido por ajudar as pessoas do seu trabalho?
3. Você é reconhecido por alguma habilidade específica?
4. Você tem alguma má fama por algo que disse ou fez?

É extremamente importante entender a diferença entre cultivar uma boa fama e viver obcecado pela opinião pública. Isso são coisas completamente diferentes.

O que o sábio Salomão ensina não diz respeito a levar a opinião das pessoas como uma verdade completa, mas a usar uma medição de como suas decisões exercem um peso muito forte nos seus resultados.

Para que você possa entender isso de uma maneira prática, pense no seguinte exemplo:

Imagine que você recebe o convite para participar de um assalto a um banco e como o retorno financeiro pode ser alto, você decide participar.

Sua participação no assalto será a de conseguir a planta do banco, pois você conhece pessoas que trabalham ali e podem vender essa informação.

O assalto acontece e então você recebe sua parte na divisão dos lucros: 1 milhão de reais, que agora você precisa gerenciar cuidadosamente para não levantar suspeitas.

Agora imagine que saiu uma notícia com suspeitas que você participou do assalto e então você começa a ser investigado.

Você nega tudo e a polícia não consegue comprovar sua participação e então encerra o caso. Você não foi preso, porém, existe essa fama que você é um ladrão, apesar de ninguém ter conseguido provar.

Quando Salomão nos alerta sobre o valor do nome ser algo maior que as riquezas, a ideia central pode ser explicada nessa ilustração acima.

No entanto, o alerta de Salomão envolve também questões diárias, e não somente grandes e decisivas decisões.

A aplicação dessa lei imutável do sucesso deve ser utilizada para nortear todas as suas decisões.

Aplique o checklist da Lei da Reputação:

1. Essa decisão trará boa fama?
2. Essa decisão irá colocar meu nome em risco?
3. Essa decisão poderá prejudicar minha reputação no futuro?
4. Essa decisão é perigosa demais para interpretações erradas?

Lembre-se: tudo que é de boa fama, sempre trará resultados maiores a longo prazo.

A reputação de um profissional está sempre ligada à sua imagem, ou seja, aquilo que fortemente representa o que podemos chamar de marca pessoal.

Pare por alguns instantes e pense sobre isso:

1. Quando alguém pensa em seu nome, quais as primeiras palavras que essas pessoas irão falar ao seu respeito?
2. Quando as pessoas falam sobre você, que características elas comentam ao seu respeito?
3. Quando as pessoas contam histórias suas, que tipo de histórias eles contam? (engraçada, triste, embaraçosa, vitoriosa, emocionante)
4. Você se sentiu feliz com as respostas acima?

Infelizmente, muitas pessoas prejudicaram sua imagem com más decisões e muitos enfrentam as consequências até hoje.

Felizmente, na maioria dos casos é possível "reconstruir" sua imagem e então ir para a próxima página e continuar em frente.

Há cerca de seis anos eu conheci a história de um gerente de vendas que há mais de 15 anos trabalhava em uma empresa de comunicação.

Ele começou a trabalhar ainda bem jovem naquela empresa como vendedor e ao passar do tempo foi crescendo até assumir o cargo de gerente geral de vendas de todo o grupo da empresa, composto por dois negócios diferentes.

Sua fama era de um homem trabalhador, homem de família, dedicado ao trabalho e preocupado com a qualidade dos seus serviços.

Durante uma festa de final de ano na empresa, pela primeira vez em 15 anos ele decidiu se juntar ao grupo que estava ingerindo bebidas alcóolicas durante o evento.

A confraternização começou às 17h30 e cerca de 19h aconteceu a troca de presentes de amigos secretos e todas as mensagens de Ano Novo foram apresentadas pelos líderes da empresa, inclusive o próprio gerente, que já estava um pouco mais alegre que o habitual.

Após o encerramento da troca de presentes, algumas pessoas começaram a ir embora e o homem então decidiu continuar a confraternização.

Depois de vários copos, visivelmente alterado ele começou a realizar diversos comentários, digamos inapropriados, sobre colegas de trabalho, clientes e até mesmo em momentos de despedida por algumas vezes se excedeu ao se despedir de alguns colegas.

A noite se encerrou com muitas pessoas preocupadas com sua condição de ir dirigindo sozinho para casa naquele estado, afinal, aquilo era um risco à sua vida e também para outras pessoas.

Finalmente ele partiu e os que ficaram seriam os responsáveis por compartilhar aquela história.

Na volta ao trabalho, diversas pessoas comentaram o que havia acontecido por alguns dias, e então, o assunto parecia ter se encerrado.

Aproximadamente 30 dias após a festa, já no outro ano quando esse homem foi visitar um antigo cliente, logo nos primeiros minutos ele escutou algo que o deixou extremamente chateado.

O cliente disse: "Soube que você aprontou todas na festa de confraternização da empresa."

Dizem que uma reputação se demora anos para construir, mas pode ser destruída em alguns segundos.

Você nunca terá controle sobre quais histórias as pessoas irão compartilhar ao seu respeito, mas você sempre pode controlar as histórias que você irá participar.

Cuidar da sua reputação não deve ser simplesmente "fingir ser alguém que você não é", mas algo consciente e disciplinado, como o sábio Salomão nos alertou.

Existem centenas de casos de famosos que se envolvem em casos polêmicos ou até mesmo dão fim à sua vida de maneira trágica e mesmo tendo alcançando incrível sucesso profissional, marcaram seus nomes para sempre com uma marca negativa.

O alerta de Salomão é para ter uma prioridade com relação ao seu nome. **Cuide primeiramente do seu nome, tome suas decisões com cautela e os resultados irão chegar.**

Alcançar sucesso financeiro colocando seu nome em risco é algo que Salomão nos diz claramente que não é um bom negócio.

Cuidado com as "oportunidades financeiras" que coloquem seu nome em risco.

Lembre-se: tudo que é de boa fama, sempre trará resultados maiores e de longo prazo.

CAPÍTULO 7

A LEI DA PACIÊNCIA

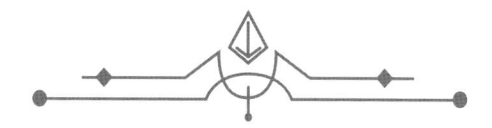

Se você ler a biografia de pessoas que alcançaram incrível sucesso profissional seja na área artística, científica, nos negócios ou no esporte, você irá encontrar um padrão em praticamente todas essas histórias, que é o fator tempo. O sucesso não chega da noite para o dia.

Algumas pessoas esperaram anos e anos até conseguirem finalmente alcançar suas primeiras grandes vitórias. Mas o que o sábio Salomão nos alerta sobre o tempo e a paciência é que, na verdade, não existe uma "espera" pelo sucesso, o que existem são temporadas específicas em direção ao sucesso.

"Existe um tempo para todas as coisas."

Eclesiastes 3:1-8

Tudo tem o seu tempo determinado, e há tempo para todo o propósito debaixo do céu.

Há tempo de nascer, e tempo de morrer; tempo de plantar, e tempo de arrancar o que se plantou;

Tempo de matar, e tempo de curar; tempo de derrubar, e tempo de edificar;

Tempo de chorar, e tempo de rir; tempo de prantear, e tempo de dançar;

Tempo de espalhar pedras, e tempo de ajuntar pedras; tempo de abraçar, e tempo de afastar-se de abraçar;

Tempo de buscar, e tempo de perder; tempo de guardar, e tempo de lançar fora;

Tempo de rasgar, e tempo de coser; tempo de estar calado, e tempo de falar;

Tempo de amar, e tempo de odiar; tempo de guerra, e tempo de paz.

A lei da natureza é imutável, se você plantar uma semente é preciso paciência para esperar aquela semente se transformar em uma árvore e é preciso paciência para que a árvore dê frutos e mais paciência para esperar que o fruto esteja maduro.

Repare nessa sequência perfeita:

1. Terreno é preparado.
2. Semente é plantada.
3. Nasce a árvore.
4. Nascem os primeiros frutos ainda verdes.
5. O fruto finalmente está maduro.
6. Agora a plantação pode ser colhida.

Existem pelo menos seis fases entre a plantação e a colheita e entre cada uma delas é necessário uma período de espera que Salomão nos apresenta como temporadas.

Pense um pouco sobre isso, se uma pessoa decide simplesmente jogar uma semente sem antes preparar o terreno, os resultados serão os melhores?

Se uma pessoa não espera o fruto ficar maduro e comer o fruto verde, o sabor será o mesmo?

Imagine sua refeição favorita, é necessário um tempo específico para preparar o prato, para que ele fique no ponto perfeito. Se você estiver apressado e decidir comer antes, o que irá acontecer?

Existem basicamente dois grandes problemas com a maioria das pessoas que não aprenderam a utilizar a lei imutável do sucesso, que é a Lei da Paciência.

ERRO NÚMERO 1: não sabem identificar em qual temporada eles estão.

Você fez uma boa plantação? Agora a sua temporada de paciência será a de ver a árvore nascer, continue fazendo um bom trabalho e seja paciente.

Você já começou a ver os primeiros frutos? Seja paciente e espere que ele amadureça para que você possa ter uma colheita proveitosa.

Há cerca de 5 anos eu vi de perto os bastidores de uma empresa que foi de um faturamento de 20 milhões por ano para cerca de 2 milhões em apenas 2 anos.

Conhecendo a Lei da Paciência e a visão de Salomão acerca das temporadas, hoje eu consigo identificar qual foi o problema da empresa, um típico erro de paciência.

A empresa tinha preparado o terreno, viu a árvore nascer, começou a colher os primeiros frutos e então não teve paciência de esperar o fruto amadurecer, acabou fazendo uma colheita antecipada.

A empresa iniciou uma temporada de colheita dos primeiros frutos, as vendas dispararam e imediatamente a empresa começou a fazer novos e novos investimentos, afinal, ele queria aumentar o faturamento mês a mês.

O que se esperava crescer em cerca de 2 anos foi alterado para 6 meses e toda a empresa começou a trabalhar em um ritmo extremamente acelerado.

Novas salas foram compradas para suportar as centenas de novos funcionários que começaram a ser contratados, reformas foram feitas e durante quase 10 meses a empresa reinvestiu boa parte do seu lucro de 1 ano em investimentos pensando no que poderia acontecer nos próximos 5 anos.

No entanto, o crescimento de quase 100% ao mês não se concretizou e os investimentos começaram a pesar a estrutura da empresa, que foi preparada para faturar 20 milhões por ano e agora iria faturar somente 2 milhões.

O que fazer com uma estrutura empresarial enorme e um crescimento com uma velocidade lenta e processual? O resultado foi um dos piores possíveis.

Manter toda aquela estrutura estava fazendo a empresa entrar no vermelho todos os meses e por diversas vezes foi necessário realizar demissões em massa, o que também custava muito dinheiro para a empresa em pagamentos de férias, multas, etc.

Salomão nos ensina a analisar com muita serenidade cada temporada. Depois da reestruturação da empresa e o difícil período de dívidas, ela voltou a ter um fluxo de caixa positivo, ou seja, passou a ganhar mais do que gastava.

Com a nova fase de ver os primeiros frutos, os donos da empresa tiveram a paciência de esperar o fruto amadurecer e então tomar novas decisões.

Hoje essa empresa voltou a crescer, contratar novos funcionários e reformaram por diversas vezes sua estrutura, mas sempre respeitando a Lei da Paciência e observando cada temporada.

Não cometa o erro de agir sem analisar em qual temporada você está.

ERRO NÚMERO 2: confundir paciência com preguiça.

"O preguiçoso deseja e nada alcança." Salomão faz diversos alertas acerca da preguiça e é bastante duro com relação as consequências desse terrível hábito.

Existem pessoas que irão utilizar a paciência como uma desculpa para serem preguiçosos. Muito cuidado com isso.

Vamos voltar para o exemplo típico do processo de plantação e colheita.

1. Terreno é preparado.
2. Semente é plantada.
3. Nasce a árvore.
4. Nascem os primeiros frutos ainda verdes.
5. O fruto finalmente está maduro.
6. Agora a plantação pode ser colhida.

Existe um período de espera para cada fase entre a plantação e a colheita, porém, esse período também é de preparação e funciona como uma temporada de atividades regulares.

Após a preparação do terreno é preciso plantar as sementes, cavar, colocar a semente na terra, fechar o buraco. Ou você acha que as sementes irão sozinhas para o seu lugar?

Antes de colocar as sementes é necessário escolhê-las bem, é preciso ter conhecimento, estar preparado para selecionar as melhores, caso contrário a colheita será comprometida.

Após a plantação é preciso cuidar do crescimento da planta, regando regularmente, impedindo que algo possa obstruir o crescimento, etc.

E agora vem a parte que muitos simplesmente ficam paralisados que é o momento da colheita.

Você já viu algum fruto que ao invés de cair no chão sai flutuando em direção ao armazém ou algo do tipo e simplesmente aparece pronto para ser consumido?

É preciso ir ao campo, pegar o fruto, guardar no cesto com cuidado para depois limpá-lo, armazená-lo para depois disso finalmente comer ou vender.

O ponto aqui em questão é que esperar não significa colocar uma cadeira de balanço na sala da sua casa, ligar a televisão em algum seriado da Netflix e esperar que as coisas aconteçam. O nome disso é preguiça mesmo.

É importante entender a diferença entre repouso e preguiça. O repouso é algo extremamente importante e necessário para alcançar o sucesso profissional e se manter saudável.

Para você entender a diferença entre repouso e preguiça, basta fazer a seguinte análise.

Repouso é o que você faz após realizar um trabalho duro e por isso você precisa recuperar suas energias.

Preguiça é o repouso antes de realizar qualquer trabalho duro.

Existem pessoas que estão cansadas de não fazer nada e por isso precisam dormir mais um pouco para recuperarem a energia para não fazer nada de novo. Acho que você entendeu.

É extremamente importante que o leitor entenda a importância desses conceitos apresentados por Salomão, pois a Lei da Paciência deve ser utilizada da maneira correta e em perfeita harmonia com as demais leis para que você possa alcançar os resultados esperados.

Se você tiver a compreensão que existe um tempo de espera que precisa ser respeitado, você conseguirá eliminar o grande vilão da maioria das pessoas que é a ansiedade.

Por que as coisas estão demorando para acontecer? Será que realmente vai acontecer? Acho que vou entrar em outra coisa, isso não está dando certo.

Imagine uma pessoa que passou cerca de duas horas em uma fila para entrar no show do seu cantor favorito, agora imagine que depois de todo esse tempo de espera existem mais duas pessoas à sua frente.

Você acha que essa pessoa irá desistir logo agora que falta tão pouco? A grande maioria de nós jamais desistiria, afinal, estamos tão perto, esse é o raciocínio.

O problema é quando a fila não é visível, ou seja, você não sabe quanto tempo mais você irá esperar. A maioria das pessoas que chega em uma fila e escuta "não temos previsão de quanto tempo irá demorar" simplesmente desiste e vai embora.

É isso que acontece na "fila do sucesso", muita gente desiste e vai embora porque não sabe quanto tempo irá demorar.

Nos parques da Universal Estúdio você sempre terá filas, dependendo da época do ano são filas que chegam a demorar mais de uma hora de espera. O tempo de espera fica aparecendo em uma placa que diz: "Tempo de espera: 60 minutos, 40 minutos, 30 minutos".

Porém, se você não quiser esperar todo esse tempo na fila e deseja ir na maioria das atrações, você pode adquirir o chamado *fast pass* por cerca de US$ 50, dependendo da cotação do dólar, faça as contas do valor final.

Com o *fast pass* nas mãos você entra em uma fila bem menor, somente das pessoas que o adquiriram e então passa somente cerca de 5, 10, 15 minutos em cada fila.

A primeira lição aqui é que existem pessoas que conseguem acelerar seus resultados com investimentos financeiros, seja com recursos próprios, investidores, bancos, etc.

Antes de tomar qualquer decisão do tipo, lembre-se da Lei da Comunidade e da necessidade de uma orientação especializada para tomar qualquer tipo de decisão.

Voltando para as filas.

Nos parques da Disney você também irá enfrentar grandes filas e o *fast pass* é algo que você pode escolher gratuitamente online para algumas atrações, basicamente você marca o horário antecipadamente e então pega a menor fila.

No entanto, quando você enfrentar a "grande fila", existem algumas atrações que você pode realizar durante o tempo de espera como videogames, fliperamas, etc.

É comum você ver pessoas entretidas na fila jogando e esquecendo de andar enquanto a fila se move. E aqui está a grande lição para você aprender a ser paciente durante o período de espera.

Aproveite a jornada. As temporadas de espera não precisam ser consideradas como tempo perdido ou algo que não pode ser aproveitado. Salomão ensina que existe um tempo para todas as coisas e mais uma vez, aqui existe uma pérola guardada que você precisa prestar muita atenção.

A maioria das pessoas se depara com esse texto e usa somente como uma espécie de regra a ser obedecida.

Imagine a seguinte situação:

O filho quer muito sair para jogar futebol com os amigos, mas o seu pai lhe diz que primeiro ele precisa terminar a tarefa da escola. O filho chateado começa a reclamar e então o pai fala: "Filho, existe um tempo para todas as coisas."

Outro exemplo clássico seria:

O filho pede ao pai algo de presente e o pai lhe diz que ainda não é o momento certo. "Filho, ainda não é o momento... lembre-se: tudo tem o seu tempo."

O ensinamento está correto e é verdadeiro, porém, existe algo mais profundo que muitas vezes passa despercebido e talvez isso tenha acontecido com você.

Para entender essa pérola é preciso analisar um contexto específico que está relacionado à ansiedade.

A grande maioria das pessoas que tem dificuldade em aplicar a Lei da Paciência tem grandes problemas de ansiedade, ou seja, sofrem por antecipação ou acreditam que somente após alcançarem suas metas finalmente irão obter sua felicidade.

O próprio Jesus Cristo foi enfático nesse assunto em dizer: "Não andeis ansiosos por coisa alguma." E: "Deixe que cada dia traga o seu próprio mal."

"Porventura um homem pode acrescentar um côvado à sua altura ficando preocupado?"

Muitas pessoas estão frustradas simplesmente porque não conseguem controlar sua ansiedade e é nesse contexto que o sábio Salomão nos dá de presente uma direção libertadora.

Aproveite a jornada. Isso significa que você deve aproveitar cada temporada intensamente.

Existe o tempo de plantar, tempo de colher...

Se você está no tempo de plantar, faça isso com muita dedicação e atenção, sem ficar ansioso com relação à colheita, simplesmente plante com atenção.

Se você está no tempo da colheita, faça isso com muita atenção e dedicação.

Lembra do exemplo clássico de um pai falando para o filho que existe um tempo para tudo e que ele precisa esperar?

O que o sábio Salomão nos ensina reflete o chamado do poder do agora. Funciona mais ou menos assim:

O que você está fazendo nesse exato momento?

Lendo esse livro? Então esse período de leitura é a sua temporada do dia, ou seja, o seu tempo do dia para a leitura. Faça isso com foco, atenção e dedicação.

Pacientemente leia com atenção para aproveitar cada minuto.

Você está criando um novo produto? Essa é a sua atual temporada? Faça isso com muita dedicação, se concentre no agora e fique presente para os detalhes.

Existe um tempo para todas as coisas não significa simplesmente: espere as coisas acontecerem, uma hora as coisas acontecem. Não é só isso.

Existe um tempo para todas as coisas significa: aproveite cada momento, curta cada instante e se concentre no que você está fazendo agora.

Eu estou escrevendo essas linhas em um avião, voltando para o Brasil. É um voo de Washington para São Paulo, cerca de oito horas de viagem. Antes de chegar em Washington estava em Londres, ou seja, foram mais sete horas de voo.

Londres → Washington → São Paulo. Um total de cerca de 16 horas dentro do avião, mais umas duas horas esperando o tempo de escala, mais o tempo que saímos de Londres até chegar em casa serão cerca de 24 horas de viagem.

Se você acha que o seu dia passa muito rápido, experimente passar 24 horas viajando de avião e você irá experimentar uma diferente noção de tempo.

Muitas pessoas entram no avião e tomam algum tipo de remédio para dormir, outras simplesmente pedem várias taças de vinhos, alguns assistem filmes e outros escrevem, que é o meu caso.

Esse tempo desconectado no céu é sem dúvida um momento de extrema produtividade para mim. Dependendo do tempo da viagem, levo de dois a três livros e sempre escrevo algo novo ou preparo alguma apresentação, depende do projeto que eu esteja trabalhando.

Antes de adotar esse hábito de aproveitar esse tempo de viagem, olhar para o tempo de voo era algo que não parecia muito agradável, principalmente para viagem aos EUA na região de San Diego ou Austin, que sempre exige escalas.

Eu participo de vários treinamentos de marketing digital que geralmente acontecem nessa região, cerca de quatro vezes ao ano.

O que o sábio Salomão falou sobre existir um tempo para tudo e apresentar isso como uma maneira de nos aliviar da ansiedade é exatamente o que eu tenho experimentado a cada novo trecho.

Quanto mais eu consigo me concentrar no agora, isto é, nas atividades que eu estou realizando durante o voo e paro de prestar atenção no tempo de voo, mais rápido o tempo passa.

Por isso que logo após o aviso de que os aparelhos eletrônicos podem ser ligados, rapidamente pego meu computador e mergulho nas minhas atividades.

Algumas vezes eu mergulho em uma boa leitura, outras vezes me concentro em um bom filme. O importante é entender o conceito do agora. Vai iniciar uma atividade? Se concentre com todo o seu foco naquela atividade e você verá sua noção de tempo mudar completamente.

Ao invés de ficar ansioso pelos resultados que você precisa no final do mês, se concentre completamente no que você está fazendo agora e aproveite o momento.

Entenda que esse período não irá voltar nunca mais. Eu lembro com muita saudade da minha época na escola, meus colegas de classe, a hora do intervalo, as competições esportivas, as feiras culturais, aquilo era o máximo.

Mas na época eu pensava: não vejo a hora de começar a trabalhar e ganhar meu dinheiro.

Depois eu comecei a trabalhar e pensava: não vejo a hora de abrir a minha empresa, e assim sucessivamente. A maioria das pessoas que não se sente realizada é porque está pensando no passado ou no futuro, seja com saudades de algo que passou ou sofrendo por algo que ainda não alcançou.

Use a Lei da Paciência e comece a viver o agora, se concentre no hoje e aproveite cada minuto do seu dia.

Na hora do café da manhã, aproveite cada minuto, experimente sentir o sabor dos alimentos, do café. Quando chegar o momento de realizar o seu trabalho, aproveite cada minuto da atividade e mantenha seu foco total. Quando conversar com os seus colegas, pare e com paciência escute o que eles têm para contar, ouça com atenção.

Salomão nos alerta que existe um tempo para tudo. Aproveite o hoje, pois amanhã você irá sentir falta do que passou e não aproveitou.

Falando em agora e tempo. Vou encerrando esse capítulo aqui, pois chegou o momento de pousar e eu preciso desligar o computador. Te vejo no próximo capítulo…

CAPÍTULO 8

A LEI DO CONHECIMENTO

Se você não é um lutador de MMA ou um lutador profissional de algum tipo de artes marciais ou até mesmo um fisiculturista, bodybuilder, etc., a sua força física não está diretamente relacionada com o seu sucesso profissional.

A cada era existe um habilidade específica que coloca algumas pessoas em vantagens e outras não. Na época da agricultura, os donos de terras eram as pessoas que tinham as maiores chances de angariar grandes riquezas.

Em outras palavras, terra era igual a dinheiro. Se você fosse um dono de muitas terras, sua capacidade de produção seria maior, consequentemente você seria capaz de vender mais e então ser ainda mais rico. Simples assim.

Depois com a era industrial os donos de indústrias se transformaram nos homens mais poderosos do mundo, como foi o caso de vários nomes dessa geração, com Rockefeller, revolucionando o mercado de petróleo, Henry Ford no setor automobilístico ou Andrew Carnegie, conhecido como o "Rei do Aço".

Os homens mais ricos desse período eram pessoas envolvidas com grandes mercados e tiveram empresas internacionais com estruturas enormes.

Hoje nós estamos vivendo a era na qual a informação é o ativo mais valioso de todos, prova disso é a lista dos homens mais ricos do mundo. Essa foi a época na qual os nerds e as pessoas conhecidas por sua capacidade intelectual se tornaram extremamente ricos.

Bill Gates da Microsoft, Mark Zuckerberg do Facebook, Warren Buffett investidor, Larry Page e Sergey Brin do Google e vários outros nomes que hoje lideram o mundo dos negócios, através de projetos que começaram únicos e exclusivamente como resultados de seus conhecimentos individuais.

Eis uma grande lição que você precisa aprender para começar a colocar em prática na sua vida, caso você queira ter excelentes resultados. Quer ter sucesso profissional? Busque conhecimento.

O sábio Salomão tem muito a nos ensinar acerca desse assunto. Repare neste verso em Provérbios 28:4 *E pelo conhecimento se encherão as câmaras com todos os bens preciosos e agradáveis.*

Em uma outra versão temos o seguinte texto:

E pelo conhecimento se encherão as câmaras de todas as riquezas preciosas e deleitáveis.

Repare agora nessa versão e veja o complemento do verso 3:

3 Qualquer edificação tem de ser arquitetada com inteligência,

e é por meio de planos bem estudados que ela se funda e se faz.

4 E é assim, por meio do conhecimento, que se pode enriquecer com coisas preciosas e agradáveis.

Não importa qual sua área de atuação, se o seu objetivo é ter sucesso acima da média, você precisa edificar o seu sucesso baseado em planos feitos com inteligência.

Esse é mais um ensinamento de Salomão que pode facilmente passar despercebido em uma primeira leitura desatenta, mas que esconde uma lei imutável do sucesso que, se negligenciada, pode ser a consequência de resultados medíocres.

Desde a nossa infância muitos de nós acumulamos hábitos que acabam nos acompanhando até a vida adulta e imputam negativamente nossos resultados. O ser humano de um modo geral apresenta dois hábitos extremamente negativos, que quando continuam sendo alimentados na vida adulta, nos prendem em um ciclo vicioso de resultados medianos.

O primeiro desse hábito é o de deixar tudo para depois. Alguns podem chamar de procrastinação, talvez Salomão chamasse isso de preguiça.

Provérbios 6:9 *Ó preguiçoso, até quando ficarás deitado? Quando te levantarás do teu sono?*

O famoso cinco minutos a mais ou então: "A noite eu vou ver isso"; "Depois eu faço isso"; ou "Não consegui fazer isso, depois eu tento."

Quando somos crianças nossos pais avisam: "Arrume seu quarto." Qual nossa resposta-padrão? Depois eu faço isso.

Quando voltávamos da escola e tínhamos uma tarefa de casa para fazer e nossos pais nos diziam: "Já terminou a tarefa?" A nossa resposta-padrão? Depois eu faço.

Crescemos, chegamos na faculdade e temos um trabalho para entregar na terça-feira às 19h. Quando começamos a fazer? Na segunda-feira, viramos a noite e finalizamos os últimos detalhes às 19h30.

E é esse mesmo comportamento que chega na vida profissional e transforma muitas pessoas em profissionais medianos. Existe um projeto para entregar, mas ficamos deixando tudo para depois.

Em alguns casos, uma atividade é passada, o profissional não finaliza porque ficou com alguma dificuldade ou não conseguiu finalizar e ao invés de simplesmente pedir ajuda ou correr atrás de finalizar, simplesmente fica parado, esperando.

"Ninguém falou comigo sobre o assunto." E assim segue o ciclo de resultados medíocres e uma vida de "depois eu faço isso".

O segundo hábito extremamente negativo que a maioria de nós possui é o de querer tudo para ontem.

Quando nós queremos um aumento? Hoje. Quando nós queremos comprar um carro novo? Hoje. Quando nós queremos viajar? Hoje. Quando nós queremos começar nosso próprio negócio? Hoje.

Porém, esquecemos que para ganhar aumento, criar o próprio negócio, ter dinheiro para um carro novo, uma casa nova ou viajar pelo mundo é preciso fazer algo em troca. Simplificando, é preciso arregaçar as mangas e fazer o que precisa ser feito. Porém, lembra as atividades que você está deixando pendente? Você está simplesmente dizendo: depois eu faço.

Essa é a insanidade que tem feito milhões de profissionais em todo o mundo ficarem estagnados em suas vidas.

1. Eles ficam deixando tudo para depois.
2. Eles querem tudo para hoje.

O primeiro passo para quebrar esse ciclo e começar a colocar a lei imutável do sucesso para trabalhar a seu favor é começar a investir fortemente no seu conhecimento.

Quanto mais conhecimento prático você coloca dentro da sua cabeça, mais a sua mente quer fazer algo com aquele conhecimento. E para toda atividade existem recompensas que são apresentadas por Salomão.

E é assim, por meio do conhecimento, que se pode enriquecer com coisas preciosas e agradáveis.

Você quer ganhar mais dinheiro? Adquira mais conhecimento útil!

Você tem muito conhecimento mas não ganha dinheiro? Deixe as desculpas de lado e comece a fazer algo de útil com o seu conhecimento.

Salomão é muito direto quando nos ensina que: Provérbios 15:19 *"O caminho do preguiçoso é cercado de espinhos, mas a vereda dos retos é bem aplanada."*

Para o preguiçoso, tudo é dificuldade e contratempos, mas para a vereda dos retos é bem aplanada. Vamos entender exatamente o que isso significa.

Para o preguiçoso, a vida é como um caminho todo cheio de espinhos, onde a cada momento tem medo de se picar. Mas os retos sabem fazer dela um caminho plano, de piso seguro.

Simplificando, Salomão ensina que tudo é motivo de desculpas para o preguiçoso, enquanto a pessoa que está séria em alcançar os seus resultados sempre dá um jeito de se manter firme.

Algumas desculpas são:

1. Sou novo demais.
2. Sou velho demais.
3. Sou homem.
4. Sou mulher.
5. Tenho filhos.
6. Sou casado.
7. Não tenho ensino superior.
8. Estou fazendo faculdade.
9. Eu não tenho conhecimento suficiente.
10. Tenho muito conhecimento, mas não sei como colocar em prática.

Pare para refletir se você está dando desculpas e agindo como um preguiçoso.

É importante colocar nesse contexto algo que os médicos chamam de estafa ou fadiga mental, que geralmente se manifesta através de desânimo inesperado, falta de energia e tristeza.

Imagine um computador que está com o HD lotado e começa a processar cada vez mais lentamente até um momento que ele trava. Esse é um sintoma semelhante à fadiga mental.

Existem estudos científicos que falam sobre essa condição, mas não é o nosso objetivo tratar dessa questão neste livro, porém, durante nosso estudo houve a preocupação em diferenciar aquilo que é sintomático, ou seja, efeito de algo relacionado à questão de saúde do indivíduo e o que foi formado através dos maus hábitos.

Por exemplo, imagine uma pessoa que começa a consumir 50

essa pessoa desenvolva uma doença, como a diabetes.

O hábito da preguiça ou o hábito de não buscar conhecimento, também gera resultados em nossas vidas profissionais como pobreza, frustração e uma série de outros males.

Esse é o ponto que Salomão apresenta quando faz uma relação direta de conhecimento = riqueza.

O que nosso estudo começa a mostrar é que uma pessoa que busca conhecimento e desenvolve esse hábito, como consequência acumula riquezas.

Já a pessoa que está sempre dando desculpas para aprender algo novo ou buscar conhecimento, não consegue acumular riquezas.

É semelhante à lei imutável da semeadura, porém, o conhecimento aparecendo como uma das sementes mais valiosas que existem hoje.

Quanto mais conhecimento instalado na sua mente, maior sua capacidade de gerar resultados práticos e consequentemente maiores os seus resultados financeiros.

Outra pergunta muito comum que nós decidimos nos aprofundar em busca da resposta foi: "Qual conhecimento devemos buscar?"

Existem diversas áreas de conhecimentos e se você entrar em uma biblioteca poderá passar anos e anos e mesmo assim não conseguirá ler todos aqueles livros.

Por outro lado, existem pessoas que estão acumulando conhecimentos diversos há muitos anos, no entanto, não conseguem transformar esse conhecimento em algo lucrativo.

Por quê?

Se Salomão ensina que a busca por conhecimento gera riquezas, por que existem pessoas extremamente inteligentes que não conseguem transformar sua inteligência em dinheiro?

Provérbios 18:15 *Uma pessoa esclarecida está sempre pronta a adquirir novos conhecimentos, e tem o ouvido atento a tudo o que possa enriquecer o seu espírito.*

Acreditamos que aqui esteja uma parte importante dessa resposta. Salomão ensina que uma pessoa esclarecida está sempre disposta a adquirir novos conhecimentos. Grave essa informação.

Na época que a principal comunicação do mundo era o Código Morse, utilizado através dos telégrafos, um jovem que dominasse essa ferramenta conseguia transformar esse conhecimento em dinheiro?

A resposta é sim.

Há algumas décadas, o curso de datilografia era algo que vendia bastante, pois essa habilidade era importante. Porém, ter um curso de datilografia hoje no seu currículo fará alguma diferença?

Você precisa olhar para a sua atual geração, observar as atuais necessidades e problemas que existem para serem resolvidos e então buscar o conhecimento para resolver esses problemas.

A maneira mais inteligente de transformar seu conhecimento em retorno financeiro consiste em aprender algo que irá resolver um problema que outra pessoa esteja disposta a pagar para que seja resolvido. Simples assim.

A lei imutável do sucesso que você precisa começar a colocar em prática imediatamente é essa, busque quais são os conhecimentos mais importantes dos dias de hoje, e se dedique em aprender o mais rápido possível.

CAPÍTULO 9

A LEI DA FORÇA

Dizem que nas situações de limite você conhece a verdadeira personalidade de uma pessoa.

Esse pode ser um dito popular repleto de verdades, mas por detrás desse comentário muito comum em diversas rodas de conversas, existe uma verdade científica muito conhecida.

O ser humano possui dentro do seu corpo um sistema de defesa extremamente completo e poderoso, que protege o corpo de bactérias, vírus e tudo aquilo que internamente possa tentar impedir o bom funcionamento de todas as nossas funções vitais.

Quando nos machucamos, o processo de cicatrização representa o movimento perfeito do nosso corpo agindo para proteger e recuperar o mais rápido possível o estado anterior. Durante uma gripe, o nosso organismo age com toda a sua intensidade para restabelecer nossa saúde.

Nosso corpo foi programado para ser forte, resistente, essa é a nossa matriz. Isso é algo que não podemos mudar. Ponto!

Você jamais conseguirá impedir seu corpo de fazer o que ele foi programado para fazer, seja lhe recuperar de uma gripe ou de um corte no dedão do pé. Mas o que toda essa conversa de anticorpos pode nos ensinar e o que isso tem a ver com as leis imutáveis do sucesso?

Veremos o que o sábio Salomão tem para nos ensinar na Lei da Força.

Provérbios 24:10 *Quem é fraco numa crise é realmente fraco.*

Salomão nos ensina que alguém que é fraco em um período difícil é realmente fraco. Vamos continuar falando sobre o nosso corpo por mais algumas linhas.

Imagine uma pessoa que está com problemas de imunidade, seus anticorpos não estão em pleno funcionamento e sua capacidade de defesa está totalmente prejudicada. Uma simples gripe poderá se tornar algo extremamente perigoso.

Em outras palavras, quando o sistema de defesa está fraco, qualquer ameaça se torna algo realmente perigoso.

O sábio Salomão nos apresenta uma lei que deve ser utilizada nos chamados momentos de dificuldade ou grandes obstáculos. Se você observar a história das pessoas que alcançaram grande sucesso em suas áreas de atuação, esse momento sempre irá aparecer.

Steve Jobs se consagrou como uma das mentes mais inovadoras do mundo, após ser demitido da própria empresa e retornar rumo ao seu período mais criativo e produtivo de todos.

Albert Einstein, antes de se tornar famoso e virar sinônimo de pessoa inteligente, enfrentou diversos momentos decepcionantes em sua carreira, como o momento que logo após a sua formação, passou quase dois anos de frustrações em tentativas de emprego.

Você consegue imaginar Einstein pedindo emprego de professor e sendo recusado? Parece algo surreal.

Porém, o que a maioria das pessoas esquece é que todas as pessoas que se tornaram famosas e alcançaram sucesso em suas atividades profissionais enfrentaram diversos momentos de dificuldade e nem sempre eles estiveram no auge, muito pelo contrário.

ISSO SIGNIFICA QUE DURANTE NOSSA JORNADA, IREMOS ENFRENTAR MOMENTOS DE DIFICULDADE E ANGÚSTIA.

Provérbios 24:10 Se *te mostrares fraco no dia da angústia, é que a tua força é pequena.*

Nessa versão temos a palavra "DIA DA ANGÚSTIA", ao invés da palavra crise. Talvez a palavra angústia represente com maior intensidade o sentimento que muitas vezes enfrentamos em momentos de obstáculos pessoais e profissionais.

Quando Salomão falou sobre a Lei do Conhecimento, ele deixa claro que o conhecimento significa força e que através dele serão gerados frutos deleitáveis e preciosos.

Se você prestar atenção na união dessas duas leis, terá em suas mãos uma fórmula extremamente poderosa para superar momentos de crise ou dificuldades.

Pare para pensar um pouco sobre isso. Por que em momentos de crise econômica, nos quais muitos perdem emprego, declaram falência, outros prosperam como nunca antes?

Qual a diferença entre as pessoas que durante uma crise conseguem crescer enquanto outras simplesmente perdem tudo o que tem?

A resposta pode estar na combinação da LEI DO CONHECIMENTO E A LEI DA FORÇA.

Provérbios 24:5 *Uma pessoa com bom senso e sabedoria tem muita força.*

Uma pessoa inteligente, com uma rica experiência da vida redobra a sua própria força natural, pois é justamente com essa sabedoria que se faz a tática de guerra, mais do que com a força. A vitória é em geral para os que lutaram tendo chefes inteligentes e generais bons conselheiros.

Repare na combinação:

Provérbios 24:10 *Se te mostrares fraco no dia da angústia, é que a tua força é pequena.*

Salomão ensina que uma pessoa com bom senso e sabedoria tem muita força. Logo em seguida no versículo 10 ele fala que se alguém se demonstra fraco no dia da angústia, sua força é pequena.

Se você observar com muita atenção nós temos aqui mais uma pérola de Salomão para nossa vida.

A RESPOSTA PARA A PERGUNTA: POR QUE EM TEMPOS DE CRISE OU ANGÚSTIA EXISTEM PESSOAS QUE CRESCEM E OUTRAS FRACASSAM?

A resposta é bem simples. Alguns estão preparados para esses dias e outros não.

Provérbios 24:10 *Se te mostrares fraco quando chegam as angústias, é porque a tua energia é realmente pouca.*

A maneira com que Salomão apresenta esse contexto fica claro que as angústias sempre aparecem, assim como uma eventual doença ou resfriado. A questão é como você está se preparando para esses momentos?

Em outra versão temos uma nova palavra que será fundamental para alcançar o sucesso profissional em seus projetos e carreira.

Provérbios 24:10 *Se te mostrares fraco quando chegam as angústias, é porque a tua energia é realmente pouca.*

Repare no final do verso: PORQUE A TUA ENERGIA É REALMENTE POUCA.

Existem pessoas que se desanimam por qualquer tipo de dificuldade, o mínimo motivo já é o suficiente para que os sentimentos de "sou um coitadinho(a)" rapidamente apareçam.

Essas são as pessoas que geralmente ficam enraizadas em resultados medíocres por anos e anos, infelizmente alguns seguem nesse padrão até o final de suas vidas.

A energia mental é algo que precisa ser trabalhada diariamente, assim como o nosso corpo precisa de cuidados diários, a nossa mente exige esses mesmos cuidados.

Salomão nos dá um alerta extremamente importante sobre como e onde devemos investir nossa atenção.

A lei imutável do sucesso apresentada aqui como a Lei da Força, significa exatamente o poder de proteção e preservação de energia.

Estar pronto para momentos difíceis, de crise ou angústia é o que mostra nossa verdadeira força.

Imagine na antiguidade quando os reinos atacavam uns aos outros, as muralhas de proteção de uma cidade e seus fortes, eram proteções que faziam toda a diferença durante os conflitos.

Todas as leis anteriores representam a chave mestra para lhe dar forças para superar momentos de crise e dificuldades.

APLIQUE SERIAMENTE TODAS AS SEIS LEIS E AUTOMATICAMENTE VOCÊ ESTARÁ ATIVANDO A SETIMA LEI DA FORÇA PARA TRABALHAR A SEU FAVOR.

CAPÍTULO 10

RECOMENDAÇÕES FINAIS

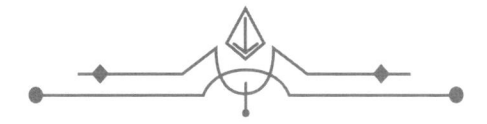

Durante toda a nossa pesquisa, nosso objetivo principal sempre foi retirar ensinamentos práticos que pudessem ser aplicados por qualquer pessoa que está seriamente em busca do seu sucesso profissional.

EM TODAS AS ORIENTAÇÕES DE SALOMÃO É POSSÍVEL PERCEBER CONCEITOS SIMPLES, PORÉM, EXTREMAMENTE COMPLETOS.

Se o leitor for atento e identificar os padrões e as ligações entre todas as leis, poderá perceber estar diante de uma série de ensinamentos que, se aplicados da maneira correta, são capazes de criar sucesso pessoal e profissional.

Não importa qual seja sua energia mental hoje, ela pode ser fortalecida se você tomar uma decisão de aumentar seu nível de energia.

Não importa qual seu nível atual de conhecimento, se tiver consciência de que se dedicar seriamente é possível, isso aumentará seu conhecimento.

Não importa qual estágio atual do seu projeto, ideia, negócio ou carreira, é possível ir para o próximo nível.

O sábio Salomão nos presenteou com leis extremamente simples, capazes de servir como um trampolim para alcançarmos as nossas metas mais audaciosas.

Sonhar grande não é mais algo impossível após o conhecimento dessas leis. Trabalhar com propósito se tornou algo mais fácil, uma vez que você teve acesso a todas essas leis imutáveis do sucesso, retiradas de um livro escrito há milhares de anos, mas que permanece extremamente atual e útil para qualquer pessoa.

Essa pesquisa teve como objetivo organizar ensinamentos valiosos através de exercícios e reflexões simples e a cada capítulo foi possível entender que o sucesso não é um golpe de sorte, mas uma decisão.

Está nas suas mãos agora a decisão de ignorar completamente tudo o que você aprendeu neste livro ou começar a colocar todas as leis em ação imediatamente.

Existem pessoas que fazem parte de grupos do "SE", como é descrito no livro de Napoleão Hill (Quem Pensa Enriquece).

Se eu não tivesse mulher (marido) e filhos... Se eu tivesse influência...Se eu tivesse dinheiro... Se eu tivesse estudo...Se eu tivesse um emprego... Se eu tivesse saúde... Se eu tivesse tempo... E a lista continua.

EXISTEM PESSOAS QUE PREFEREM DAR DESCULPAS E OUTRAS TOMAM DECISÕES.

Se este livro está em suas mãos, nós acreditamos que você faz parte do grupo que está disposto a tomar decisões.

Nós reconhecemos que é difícil mudar hábitos, mas lembre-se que você não nasceu com eles, ou seja, é possível mudar.

Nas suas mãos você tem o conhecimento das leis ensinadas pelo homem mais sábio e rico que já existiu.

ESSA JORNADA NÃO SERÁ FÁCIL, MAS NÓS ACREDITAMOS QUE VALERÁ A PENA.

Esperamos você nessa jornada.

Vamos em frente.

Natanael Oliveira

João Feitosa

DVS
EDITORA

www.dvseditora.com.br